魔法

魔法

朗達·拜恩

「透過這個方式，你將可以得到全世界的榮耀。」

翡翠石板 （約西元前5000-3000年）

獻給你
願《魔法》為你打開一個新世界，
而且為你的存在帶來喜悅。

那就是我想要給你的，
同時也獻給這個世界。

感謝

　　當我一坐下來寫書時，創作開始成為一個喜悅但有點孤單的過程——只有宇宙和我。接著慢慢地，整個範圍開始擴大，愈來愈多的人加入，所有的人都貢獻他們的專業，直到最後完成你手中拿著的這本最新創作的書。下面的這些人是讓這個範圍一直不斷擴大、讓《魔法》能到你手上的部分人員。

　　感謝、感謝、感謝：我的女兒絲凱，不辭辛勞地在我身邊協助編輯，以及喬許・哥爾德，貢獻他的科學知識以及研究技巧，幫我統整科學的發現以及宗教的話語。感謝言外之音出版社（Beyond Words）的編輯辛蒂・布雷，因為她精鍊的編輯方法，以及謹慎探究問題，讓我成為一個更好的作家。感謝尼克・喬治富有創意的觀點，透過插畫以及封面來捕捉住魔法。

　　感謝高瑟多媒體的薛莫斯・霍爾以及卡拉・桑頓協助完成插畫以及全書的編排。感謝幫我把新書帶給世人的《祕密》團隊，他們同時也是我作品的骨幹；特別感謝我的姊妹珍妮・

柴爾德帶領整個出版團隊；安德列‧凱爾負責我們龐大的創意團隊；保羅‧哈林頓以及我的姊妹葛蓮達‧貝爾和攝影師拉斐爾‧基爾帕特里克，還有我們團隊的其他人一起創造出本書中魔幻般的圖片。感謝《祕密》團隊的其他成員，他們的幕後工作是無價的：

唐‧立可、馬克‧奧康納、麥可‧加德納、洛瑞‧沙拉波夫、柯瑞‧喬漢辛、傑‧李、彼得‧拜恩，以及我的女兒海莉。

感謝、感謝、感謝我的出版商Atria Books以及賽門‧舒斯特：卡洛琳‧雷狄及裘蒂絲‧柯爾、達琳‧德里羅、崔絲妮‧范、詹姆士‧波文、金柏莉‧高德斯坦以及伊索爾德‧紹爾。我很感恩擁有這麼一群優秀的團隊夥伴。

感謝、感謝、感謝安琪兒‧馬汀‧維里歐斯之靈性的指導、愛及智慧；感謝我的姊妹寶琳‧維南以及我親愛的朋友，還有家人們對我的工作持續給予支持以及熱情。並深深地感謝幾世紀前的偉人們發現人生的真理，並留下他們手寫的文字，這麼一來我們可能剛好在對的時間點發現它們——即是那些我們有眼可以看到、有耳可以聽見的那個說不清是如何改變生命的時刻。

目錄

你相信魔法嗎？

「不相信魔法的人永遠找不到魔法。」

羅爾德‧達爾（1916-1990）
作家

　　記得當你還小的時候，你是帶著完全的驚喜和敬畏看待生命嗎？人生像是魔法一般令人興奮，而且對你來說，最小的事情都能令你感到刺激。你被草地裡的霜、在空中飛來飛去的蝴蝶，或是地上任何奇怪的葉子或石頭所吸引。

　　當你掉了一顆牙時，你會興奮期待牙精靈當晚的到訪；當聖誕夜即將到來之際，你會興奮地開始倒數計時！即使你不知道聖誕老人是如何在一個晚上拜訪全世界的每一位小朋友，但他確實做到了，而且從來不會讓你失望。

　　麋鹿會飛、花園裡有精靈、寵物像人一樣、玩具具備人的特質、夢想會實現，而且你可以觸摸到星星。你的心充滿了喜悅、你的想像力無限，而你相信人生就是魔法！

　　我們很多人小時候都有過一種細微的感受，就是凡事都是好的。每一天都有更多的刺激及冒險，而且沒有任何事可以阻撓我們對魔法所產生的喜悅。但當我們長大成人後，不知何故，責任、問題以及困難對我們造成傷害，我們開始幻滅，使得孩提時曾經相信過的魔法退去且消逝了。這就是爲什麼當我們長大成人後喜歡跟孩子在一起，因爲可以經歷到曾經有過的感覺，即使只有那麼一瞬間。

　　你曾經相信過的魔法是眞的，而且大人對人生抱持幻滅的看法是錯的。生命的魔法是「眞實的」──而且如同你一樣眞實。事實上，人生可以比你小時候認爲的還要奇妙，而且比你之前看到的更驚奇、更有挑戰，也更刺激。當你知道如何產生魔法時，你就會過著你想要的人生。接著，你將會懷疑過去你怎麼會放棄相信人生的魔法！

　　你也許沒看過麋鹿飛，但是你「將」看到你總是想要的東西出現在你的眼前，而且你會看到你期待很久的事情突然發生。你絕不會知道每一件事是如何地編織在一起，讓你的夢想實現，因爲魔法是在看不到的空間運行──而且那是最有快感的部分！

　　你已經準備好再次經歷魔法了嗎？你已經準備好每天像孩子般充滿敬畏，而且驚喜嗎？準備好等待魔法吧！

　　當改變生命的知識被藏在一個神聖的文本裡時，我們的冒險在兩千年前就已經開始了……

一個重大的謎即將揭曉

下面這段話是從〈聖經·馬太福音〉中節錄出來的，它讓人摸不清、令人感到困惑，而且幾世紀以來被很多人誤解。

「凡有的，還要加給他，叫他有餘；凡沒有的，連他所有的，也要奪去。」

你必須承認當你讀到這段時，它呈現的是不公平，似乎在說富有的人更富有，而貧窮的人會更貧窮。但是這段話中有一個謎需要解開、需要揭曉，而當你知道時，一個新的世界將會為你打開。

這個幾世紀以來讓許多人困惑的文句，答案就藏在一個詞當中：**感恩**。

「凡有感恩的，還要加給他，叫他有餘；凡沒有感恩的，連他所有的，也要奪去。」

揭曉了那隱藏的文字後，這段文句的意義就更清楚了。雖然這是兩千年前就被記錄下來的文字，至今卻仍一樣眞實：如果你不花時間感恩的話，你絕對不會擁有更多，而你所擁有的東西會失去。魔法在以下這些文字中承諾了透過感恩會發生的事：*如果你感恩，你將得到更多，而且你會有餘！*

在《可蘭經》裡，也同樣強調感恩的承諾：

「*當你的主對你說：『如果你們感謝，我會加給你們（恩惠）；但如果你們表現出忘恩負義，我的懲罰會是可怕的。』要記住這句話。*」

不管你信奉的是什麼宗教，或是不管你有沒有宗教信仰，從《聖經》和《可蘭經》所節錄出來的這些話都能應用在你身上和你的人生中。這些話道出了科學和宇宙的基本法則。

這就是宇宙法則

感恩透過一條掌管你整個人生的宇宙法則運行著。根據掌管我們宇宙所有能量的吸引力法則，從原子的形成到行星的運動都是「同類相吸」。正因爲吸引力法則，所以每一個生物的細胞緊密地結合在一起，每一個物體的組成物也是。在你的人生中，法則在你的想法和感覺上運作。因爲它們也是能量，所以

不管你所想的是什麼，以及不管你感覺到的是什麼，你都將其吸引至自己身上。

　　如果你認為「我不喜歡我的工作」「我沒有足夠的錢」「我找不到我的完美伴侶」「我付不起我的帳單」「我想我應該是得什麼病了」「他或她並不感激我」「我和父母相處得並不好」「我的孩子是個問題」「我的人生一團糟」或「我的婚姻陷入困境」，那麼你一定會吸引更多類似的經驗。

　　但是如果你想著你所感謝的事，例如「我喜愛我的工作」「我的家人很支持我」「我度過一個非常棒的假期」「我今天覺得很棒」「我得到有史以來最多的退稅」或「我和我兒子一起露營，度過一個很棒的週末」，而且你真心覺得感謝，吸引力法則保證你一定能吸引到更多的「那些」東西進入你的人生中。它運作的方式就跟金屬被磁鐵吸過去一樣；你的感恩具有磁力，而你有的感恩愈多，你能吸引到的富足愈多。這就是宇宙法則！

　　你將會聽到「因果報應」「要怎麼收穫就怎麼栽」「你得到你所給出去的」之類的句子。嗯，那些說法都在描述同一條法則，而它們也在描述偉大的科學家牛頓發現的一條宇宙定律。

　　牛頓的科學發現包含了宇宙的基本運動定律，其中一個是：

每個作用力都有一個大小相等、方向相反的反作用力。

當你把感謝的概念應用到牛頓的法則時，它代表的是：「給予」感謝的每一個作用力總是能引起「接收」的反作用力。而你所得到的感謝總是等於你所給予的。這表示感恩的這個動作引起接收的反作用力！而你感受到的感謝愈誠懇、愈深刻（換句話說，你給的感謝「愈多」），你得到的就會「愈多」。

感恩的黃金線

回溯到好幾千年前人類早期的記載，感恩的力量被教導和練習，而且從那時起流傳了好幾個世紀，橫掃了幾個大陸，從一個文明和文化滲透至下一個。基督教、伊斯蘭教、猶太教、佛教、錫克教以及印度教全都以感恩為核心。

穆罕默德說：對你已接收到的豐足表達感恩，是讓豐足持續下去的最佳保障。

佛陀說：對於任何事物，除了感恩與喜悅之外，你再無其他理由。

老子說：如果你對現有的事物感到滿意，世界將會屬於你。

基士拿說不管他收到的是什麼，他都欣然接受。

大衛王提到，要對整個世界、在天堂和地上的一切表達感謝。

而耶穌在施行每一次奇蹟前，都會說「感謝」。

從澳洲的原住民到非洲的馬賽族及祖魯族，從美國的納瓦霍族、蕭尼族以及柴拉基族，到大溪地族、愛斯基摩族以及毛利族，在原住民的傳統中，感恩的練習非常根深柢固。

> 「當你早上起床時，感謝早晨的陽光，感謝你的生命和力量。感謝你的食物和生命的喜悅。如果你找不到任何可以感謝的理由，那麼問題出在你自己身上。」

> 塔庫姆希（1768-1813）
> 美國原住民蕭尼族領袖

歷史上有許多實踐感恩的名人，而他們的成就使其成為歷史上最偉大的人類之一：甘地、德蕾莎修女、小馬丁·路德·金、達賴喇嘛、李奧納多·達文西、柏拉圖、莎士比亞、伊索、布雷克、愛默生、狄更斯、普魯斯特、笛卡兒、林肯、榮格、牛頓、愛因斯坦以及其他更多的人。

　　愛因斯坦的科學發現改變了我們看待宇宙的方式；而當被問到令他印象最深刻的成就時，愛因斯坦只說要感謝其他人。有史以來最聰明的人之一都還會去感謝別人所做的一切——一天超過一百次！

　　生命向愛因斯坦展現了那麼多奧祕，這很奇怪嗎？愛因斯坦締造出一些歷史上最偉大的發現，這很奇怪嗎？他人生中的每一天都在練習感恩，於是相對的，他得到許多種形式的富足。

　　當牛頓被問到他是如何得到科學的發現時，他說他是站在巨人的肩膀上。牛頓最近被評選為對科學和人類最偉大的貢獻者，但他同樣對出生在他之前的男性和女性表達感謝。

　　實踐感恩的科學家、哲學家、投資者、發現者，以及預言家都得到成果了，且絕大多數的人都意識到感恩的內在力量。然而今天還是有很多人不知道感恩的力量，因為要在你的人生中經歷感恩的魔法，你必須自己去實踐它！

我的發現

　　如果有人想知道不知感恩會使其人生變成什麼樣子，以及當你讓感恩成為人生的一部分時，又會發生什麼事，那麼我的故事就是一個完美的例子。

　　如果六年前我被問到是否是一個懂得感恩的人，我會回答：「是的，那當然，我是個很懂得感恩的人。當我收到禮物、當有人替我開門或是當有人為我做某件事時，我會說謝謝。」

　　而事實是，我根本不是個懂得感恩的人。我不知道**真正的**感恩是什麼，而且在奇怪的場合中只說「**謝謝**」這幾個字，肯定不會讓我成為一個懂得感謝的人。

　　我那段不懂得感恩的日子真的很有挑戰性。我負債，而且債務每個月都一點一點增加。我非常努力工作，但我的財務狀況從來沒有改善過。我試圖要去償還增加的債務和履行義務，因此處在持續不斷的壓力暗流中。此外，因為我似乎從來沒有給每一個人足夠的時間相處，所以我的人際關係像鐘擺一樣，從順遂擺盪到災難。

　　當我的身體處於所謂的「健康狀態」時，一天結束後我卻感到筋疲力盡，而且我總是會感冒，並被傳染每個季節最新流行的疾病。當我和朋友出去或去旅行時，我擁有快樂的時光，但接下來，我就會想起自己必須更努力工作，以支付那些玩樂的費用。

　　我沒有真正活著，而是在掙扎過活──一天過一天，領取一個月又一個月的薪水，而我解決完一個問題之後，又出現更多的問題。

　　但是緊接著，某件事發生了。自那天之後，我人生中的一切都改變了。我發現了一個關於人生的祕密，而發現之後，我開始做的其中一件事就是每天練習感恩。這麼做的結果是，我人生中的每一件事都改變了，而且我愈是練習感恩，結果就愈神奇。我的人生真的像魔法一般展現。

　　我人生中第一次沒有負債，而且不久之後，我就擁有了去做任何我想做的事所需的錢。我的人際關係、工作以及健康的問題都消失了，而且每天不用再面對障礙。我的日子裡充滿了一件又一件美好的事；我的健康和能量明顯地提升，而且我覺得比我二十多歲時更好；我的人際關係變得更有意義，而且和我的家人以及朋友相處的短暫美好時光，比過去幾年加總起來還要多。

　　更重要的是，我比原以為可能感覺到的還要快樂。我滿心喜悅地感到快樂——我不曾這麼快樂過。感恩改變了我，而且我的整個人生像是被施了魔法般地改變了。

把魔法帶進你的生命中

不管你是誰、不管你在哪裡、不管你目前的狀況是什麼，感恩的魔法將會改變你的整個人生！

我收到數以千計的人們來信，他們在難以想像的困境中，透過感恩完全地改變了自己的人生。我知道在似乎沒有任何希望的情況下，發生過許多健康方面的奇蹟。我也知道有夫妻破鏡重圓，原本破裂的關係因感恩而變得美好。我見過一貧如洗的人透過感恩變成有錢人，我也知道有憂鬱的人藉由感恩，過著喜悅和滿足的生活。

不管你現在所處的狀態爲何，感恩可以像魔法般將你的關係改變成充滿喜悅和有意義的關係。感恩可以神奇地讓你更加富裕，這麼一來，你就有錢去做你想做的事。它將會改善你的健康，而且帶給你的快樂超越你過去所感覺到的程度。感恩會施展魔法來促進你的事業發展、增加成就，而且爲你帶來夢想中的工作或你想做的任何事。事實上，不管你想成爲什麼樣

的人、做什麼樣的事，或擁有什麼樣的東西，感恩都是實現之道。感恩的神奇力量會讓你的人生變成黃金！

實踐感恩時，你將了解到爲什麼生命中的特定事情會出錯，有些特定的事情又爲什麼會在你的人生中消失。當你讓感恩成爲一種生活方式時，每天早上醒來，你會很興奮能活著。你將發現自己完全熱愛生命，每一件事看起來似乎都不費力。你會感覺像是羽毛一樣輕，而且比你過去曾感覺到的還要快樂。當挑戰來到時，你將知道如何克服它們、如何從中學習。每天都會像魔法般，每天都會充滿了比你小時候還要多的魔法。

你的生命中有魔法嗎？

你現在就可以判斷你在人生中確實使用多少感恩。只要看一下你人生中的主要領域即可：金錢、健康、快樂、工作、家庭，以及人際關係。你人生中富足以及產生美好事物的領域，就是你有使用感恩的地方，所以你會經歷到魔法般的結果；而那些缺乏富足及美好事物的領域，都是因爲你沒有感恩。

這是一個簡單的事實：當你不感恩時，你無法得到更多。你讓魔法停止出現在你的生命中。當你不感恩時，你無法得到更好的健康、更好的人際關係、更多的喜悅、更多的金錢，以及讓你的工作、職業生涯、或事業提升的那股「流」。爲了

「得到」，你必須「給予」，這就是法則。感恩就是「付出」感謝，而沒有了它，你就中斷了魔法，而且中斷「得到」你人生中想要的一切。

不感恩的後果是，當我們不感恩時，我們是在「強取」，視人生中的事爲理所當然。當我們視事情爲理所當然時，我們其實不自覺地從自己身上強取。吸引力法則說的是同類相吸，所以如果我們視某件事情爲理所當然時，我們也會被視爲理所當然。記住，「凡沒有**感恩**的，連他所有的，也要奪去。」

你在人生中不同的時刻當然已經表達過感恩，但是爲了看到魔法，以及爲了讓你目前的狀況產生一個巨大的改變，你必須實踐感恩，而且讓它成爲你新的生活方式。

魔法方程式

「知識是寶藏，但實踐是其金鑰。」

伊本・赫勒敦《歷史緒論》（1332-1406）
學者及政治家

　　古老的神話和傳奇都說，為了施展魔法，你必須先說出「魔法句」。透過感恩來施展魔法也是以同樣的方式運作，而且你一定要一開始就說出魔法句：「**感謝你。**」我無法告訴你「**感謝你**」這句話對你的人生來說有多重要。為了活在感恩中、為了經驗你人生中的魔法，比起其他字，「**感謝你**」更要成為你刻意說出和感覺的三個字。它們必須成為你的識別身分。「**感恩**」是從你現在所在的位置到你夢想中的人生之橋梁。

　　魔法方程式：

1. 刻意去想和說出魔法句「感謝你」。

2. 你愈刻意去想和說出魔法句「感謝你」，你感覺到的感恩愈多。

3. 你愈刻意去想和感覺到的感恩愈多，你得到的豐盛愈多。

　　感恩是一種感覺，所以練習感恩的終極目標是，盡可能刻意地去「**感覺**」到它，因為它是能加速你人生的魔法之感覺原動力。牛頓的定律是作用力等於反作用力——你所給予的就是你所得到的，兩者是相等的。那代表，如果你增加感恩的感覺，你人生中的結果將會擴大到「**等於**」你的感覺！感覺愈真實、你表達的感謝愈真誠，你的人生將會愈快改變。

　　當你發現感恩所需要的練習這麼少、將感恩結合進你的日常生活中是這麼簡單，以及當你看到像魔法般的結果時，你絕對不會回到過去所習慣的生活。

　　如果感恩一點點，你的人生就只會改變一點點；如果每天大量地感恩，你的人生就會以你現在意想不到的方式改變。

一本魔法書

「值此表達感恩之際，我們須切記，最高的謝忱來自實踐，而非言語而已。」

約翰・甘迺迪（1917-1963）
第35屆美國總統

在這本書中，有二十八個已經特別設計過的魔法練習，讓你可以學習如何用感恩的魔力來改善你的健康、金錢、工作及關係，而且讓你最小的渴望和最大的夢想都能實現。你也將學到如何實踐感恩去解決問題以及轉化任何負面的情況。

當你閱讀這個改變生命的知識時，你將會著迷；但是若不去練習你學到的東西，知識將會從你的指縫中溜走，而且你剛吸引過來的那個能輕易改變你人生的機會也會消失無蹤。為了確保這不會發生在你身上，你需要練習感恩二十八天；這麼一

來，感恩才會注入你的細胞和你的潛意識中。只有到那時候才能永遠改變你的人生。

持續二十八天去完成這些設計好的練習，會讓你養成感恩的習慣，而且形成一個新的生活方式。集中練習感恩，連續幾天後，保證你將會在生命中看到魔法產生——而且很快！

在每一個魔法練習中有豐富的祕密教導，將會在很多方面擴展你的知識。在每一項練習裡，你將更了解人生是如何運作的，以及擁有你夢想中的人生是多麼容易。

前十二項練習是針對你現在擁有的東西以及過去所得到的東西，使用感恩的魔力。因為除非你對目前所擁有的以及已經得到的東西表示感謝，否則魔法不會發生，而且你不會再得到更多。這前十二項練習將會使感恩的魔法馬上出現。

接下來的十項練習是針對你的渴望、夢想以及你想要的一切，使用感恩的魔力。透過這十項練習，你將能夠確保你的夢想成真，而且你將看到你人生的境遇像魔法般地改變！

最後六項練習將帶你到一個新的境界，讓你可以使感恩滲透進身體的每一個細胞及心靈中。你將學到如何使用感恩的魔力幫助其他人、解決問題，以及改善你人生中可能遇到的任何負面情況或環境。

　　你不需要重新調整行事曆，因為每一項練習已經過特別的設計，能剛好符合你的日常生活作息，不管是工作日、週末、假日或是假期。感恩是可以隨身攜帶的——不管你走到哪裡，都可以帶著它；而且不管你走去哪裡，魔法都會發生！

　　如果錯過一天的練習，你很可能會失去已經產生的動能。為了確保沒有減損魔法，如果你錯過一天的話，就往後倒數三天，並從那一天的練習開始重複做起。

　　有一些練習是安排在早上，而有些練習則是安排整天來做，所以早上的第一件事就是先閱讀每天的練習。有些練習需要前一晚閱讀，因為當你一醒來時就要練習了。我將會告訴你何時要做這件事。你可能想要每晚睡前閱讀隔天的練習，以做好準備。如果你這麼做的話，請確保早上再閱讀一次練習的內容。

　　如果不想要按照順序連貫地做這二十八個練習，你也可以用其他方式來使用它們。你可以針對人生中想改變或改善的某個重要課題選擇一項魔法練習，且連續三天或連續一週都做那個練習。或者，你也可以以一週做一個魔法練習，或是一週做兩個魔法練習，唯一的差別是，你會花比較久的時間才能看到你人生中的變化。

二十八天之後

一旦完成了二十八天的魔法練習，在你有特定需要時，例如為了健康或金錢，或是如果你想要獲得你夢想中的工作、在你的工作中累積成功，或是改善一段關係，你就可以使用特定的練習來增加魔法。或者為了持續感恩練習，你可以隨意打開本書，不管你翻到的是哪一個練習，那就是你所吸引到的，是你那一天要做的最完美練習。

在二十八天的魔法練習結束後，也有可以合併使用的練習建議，這將加速你人生中特定領域的魔法。

你會感恩過頭嗎？絕對不會！你的人生會變得太過魔幻嗎？很難！要一直不斷使用這些練習，這麼一來，感恩會滲入你的意識中，而且成為你的第二天性。二十八天過後，你將重新設定你的腦袋，而且將感恩植入你的潛意識中。在那種狀態下，不管發生任何情況，感恩會自動第一個浮現在你的腦海中。你經歷到的魔法會鼓舞你，因為當你將感恩包含進你的日常生活中時，幾乎沒有任何事情是不美好的！

你的夢想是什麼？

許多魔法練習是設計來協助你達成夢想。因此，你需要很清楚地知道你「**真正**」想要的是什麼。

坐在電腦前或是用紙筆寫下人生各領域中你真正想要的事物。在你的人際關係、職業、財務、健康和對你來說很重要的每一個領域中，思考你想成為的人、想做的事，或你人生中想擁有的事物的每一個細節。如果你喜歡，你可以寫得很具體、很詳細，但請記得，你的工作只是列出你想要的事物，而不是你將如何得到你想要的。當感恩施展它的魔法時，將會提供你「如何做到」的方法。

如果你想要一份更好的工作或夢想中的工作，那麼想一想跟你想要的那份工作有關的一切。想一想對你而言重要的事情是什麼，例如你想要的工作類型、你在工作中想要感受到什麼、你想效勞的公司是什麼類型、你希望的工作時數是多長、你想要的工作在哪裡，以及你想要的薪水是多少等等。仔細思考，並將所有的細節寫下來，以釐清你在這份工作中想要的是什麼。

如果你想要擁有金錢以教育你的孩子，想清楚跟他們受教育有關的所有細節，包含你希望你的孩子上哪一所學校，以及學

費、書籍、食物、衣服和交通的成本，這麼一來，你會確實地
知道你將需要多少錢。

如果你想要去旅行，那麼寫下你想拜訪的國家、想要的旅程
的所有細節。你想旅行多久？你想看到什麼、想做什麼？你想
要待在哪裡？你想要透過什麼方式去旅行？

如果你想要一個完美的夥伴，那麼寫下你希望那個人擁有什
麼樣的人格特質。如果你想要改善人際關係，那麼寫下你想改
善的是哪一方面的人際關係，以及你希望是怎樣的關係。

如果你希望更健康或擁有良好的身體狀況，那麼就具體列出
你想要改善你的健康或身體的哪些方面。如果你想要一個夢想
中的房子，那麼寫下你希望房子是什麼模樣，以及列出每一個
房間的細節。如果你有想要的特定物品，例如車子、衣服或用
品，把它們都寫下來。

如果你想要達成某件事，例如通過考試、取得學位、完成運
動目標，以及成為音樂家、醫生、作家、演員、科學家或企業
家，或是不管你想達到的是什麼，都把它寫下來，而且愈具體
愈好。

我強烈鼓勵你找出時間來維護你的夢想清單，寫下小事、大
事，或是你此刻、這個月或這一年想要的事物。當你想到更多

事物時，將它們增加至清單中；而當你得到時，再把它們從清
單中劃掉。有一種簡單的方式能列出你想要的事物清單，就是
將其分成幾類：

　　·健康和身體
　　·職業和工作
　　·金錢
　　·人際關係
　　·個人渴望
　　·物質上的東西

　　接著只要把你想要的事物增加至每一個類別即可。

　　當你清楚知道你想要的事物時，便對於你希望感恩的魔力如
何改變自己的人生給了一個清楚的方向，而且你已準備好要開
始踏上有史以來最令人興奮和刺激的冒險之旅！

Day 1
數算你的恩典

「當我開始數算我所擁有的福氣和喜樂，我的生命立即整個扭轉過來。」

威利・尼爾森（生於 1933 年）
歌手暨作曲家

你聽人說過要去數算你所接收到的恩典，而且當你想著你所感恩的事時，那就會是在數算恩典。但你可能不了解：數算你的恩典會是你曾經做過最強有力的練習之一，而且它將神奇地扭轉你的人生！

當你對所擁有的事物感恩時，不管這些事物多麼微不足道，你都將會立即看到那些事物增加。如果你對擁有的金錢感恩，你將會看到你的金錢神奇地變多。如果你感恩一段關係，即使它不完美，你將會看到它神奇地變得更好。如果你對擁有的工

作表達感恩，即使不是你夢想的工作，事情也會改變，這麼一來，你會更享受你的工作，而且跟你的工作相關的各種機會都會突然出現。

反過來說，當我們沒有數算恩典時，可能會不小心掉進數算負面事物的陷阱中。當我們談論沒有擁有的事物時，我們是在數算負面事物。當我們批評或發現別人的缺點，當我們在抱怨交通、排隊人龍、延遲、政府、錢不夠或天氣時，我們是在數算負面事物。當我們數算負面事物時，它們也會增加，但更重要的是，我們每數算一件負面事物，就推掉正在路上、朝我們而來的恩典。我兩種都試過，而我可以向你保證，數算你的恩典是在你人生中能擁有富足的唯一方法。

> 「寧可在數算你接收到的恩典時漏數了恩典，也不要
> 在數算你的麻煩事時失去了恩典。」

貝伯考克 (1858-1901)
作家暨教士

把數算恩典當作早上起床第一件事，或在一天當中盡早做這件事。你可以寫下來、用電腦打字，或是用特別的筆記本或日記本列出你的恩典清單，並把你所有的感恩事項都放在同一個地方。今天你將簡單地列出你所感謝的十個恩典。

　　當愛因斯坦感謝時，他思考「為什麼」要感恩。當你思考「為什麼」要對特定的事、人或狀況感恩時，你將會更深刻地感覺到感恩。要記得，感恩的魔法是根據你感受的程度而發生的！所以要在清單上的每一個項目旁寫下你感恩的原因。

　　這裡有一些可以協助你寫出清單的例子：

能有＿＿＿什麼東西？＿＿＿，我真的蒙受很大的恩典，
因為＿＿什麼原因？＿＿。

＿＿什麼事？＿＿讓我覺得很快樂，並充滿感恩之情，
因為＿＿什麼原因？＿＿。

我真的很感恩＿＿什麼事？＿＿，
因為＿＿什麼原因？＿＿。

我全心全意感恩＿＿什麼事？＿＿，
因為＿＿什麼原因？＿＿。

　　列完你收到的十項恩典後，回頭去讀每一項，在心裡默唸或是大聲說出來都行。當你檢視每一項恩典時，說三次魔法句「感謝你、感謝你、感謝你」，而且盡可能對那項恩典感覺到感恩。

　　爲了讓你感覺到更多感恩，你可以感謝宇宙、神、神靈、美好事物、人生、你的大我，或是你受其吸引的任何概念。當你導引感恩至某件事或某個人上面，你將會感受到更多的感恩之情，而且你的感恩會更有力道，並創造出更多魔法！這就是爲什麼原住民和古老的文化會選擇太陽之類的象徵物來代表他們感恩的對象。他們只是使用實際的象徵物來代表所有美好事物共通的源頭，而專注在那個東西上，讓他們感覺到更多感恩。

　　在改變你的人生這件事上，「數算你的恩典」這個練習是如此簡單、有力，所以我希望你可以在接下來的二十七天裡，每一天都持續在清單中增加十個以上的恩典。你可能會覺得每天要找出十件可以感恩的事很難，但是你思考得愈多，就愈能發現「**原來我需要感謝的事情有這麼多**」。仔細檢視你的人生，你會發現有這麼多自己已經得到且每天持續在接收的事物。眞的有「非常」多的事物是值得感謝的！

　　你可以感謝你的家、家人、朋友、工作和寵物。感謝太陽，感謝你喝的水、吃的食物，以及呼吸的空氣——缺了其中任何一種，你就無法存活。你可以感謝樹木、動物、海洋、鳥兒、花朵、植物、藍天、雨、星星、月亮，以及我們這個美麗的星球。

　　你可以向各個感官表達謝意：謝謝讓你看得見的眼睛、聽得見的耳朵、可以品嘗食物的嘴巴、可以嗅聞味道的鼻子，以及

讓你可以感覺的皮膚。感謝讓你行走的雙腳、讓你用來做幾乎每一件事的雙手，以及讓你能表達意見、與人溝通的嘴巴。感謝你神奇的免疫系統，讓你保持健康，以及感謝你所有的器官維持著你的身體功能，讓你活著。再不然，感謝你美妙的大腦如何？這世上沒有任何電腦科技能複製它。

　　這裡有一些提示，讓你可以從這些主要領域中找尋恩典來感恩。你也可以增加自己想要的任何主題，就看什麼事情對你來說是無論何時都很重要的。

　　魔法般的感恩項目：
- 健康及身體
- 工作及成功
- 金錢
- 關係
- 熱情
- 快樂
- 愛
- 生命
- 自然：地球、空氣、水以及太陽
- 物品及服務
- 你選擇的任何項目

　　每當數算你的恩典後，你應該會明顯地感覺到更美好、更快樂，而且你感覺美好的程度取決於你感覺到的感恩有多少。你感覺到的感恩愈多，就會覺得愈快樂，而你的人生將改變得愈快。有些時候，你會覺得很容易就快樂起來，而其他時候可能需要花久一點的時間。但是當每天持續數算你的恩典時，你會注意到，你每次感受的方式會愈來愈不同，而且你將會看到恩典神奇地倍增！

魔法提醒

　　務必在今天的某個時段閱讀明天的魔法練習，因爲明天一開始你就要去做一件特定的事。

魔法練習 1

數算你的恩典

1. 早上的第一件事是，寫下生命中讓你感恩的十件事。

2. 寫下你為什麼對自己收到的每一項恩典感恩。

3. 回頭去讀你的清單，不管是在腦海中默唸或是大聲地讀出來都行。當你唸到每項恩典的結尾時，要說出「**感謝你、感謝你、感謝你**」這個魔法句，並盡可能感受到對那項恩典的感恩之情。

4. 接下來的二十七天，每天早上都要重複這個魔法練習的前三個步驟。

5. 今天要找時間閱讀明天的魔法練習。

Day 2
魔法石

「多想想你目前所擁有的幸福，每個人都擁有很多。
不要回想以前的不幸，每個人或多或少都有一些。」

查爾斯・狄更斯（1812-1870）

作家

剛開始做這些魔法練習時，你需要連續好幾天很專注地養成感恩的習慣。任何提醒你要記得感恩的東西，都是在幫助你透過感恩來使人生變成黃金，而那就是這個魔法練習的主題。

李・布勞爾在《祕密》這部電影以及書中提供了感恩石這個練習。他告訴我們關於一位父親的故事，這位父親的孩子正在跟死神搏鬥，而父親使用感恩石來感謝他兒子身體健康，於是他的兒子奇蹟般地康復了。從那時起，感恩石在世界各地許多人的身上都證實成功，他們用在金錢、療癒及快樂上。

　　首先，找到一顆石塊或石頭——請選擇小一點的石頭，可以放在你的手掌中，而且你的手指要剛好可以覆蓋住石頭。另外，請選擇比較平滑的石頭，不要有稜角、不要太重，而且當你握在手中時，要真的感覺不錯。

　　如果你有花園的話，可以去花園裡找一顆「魔法石」，或到河床、溪邊、海洋或是公園去找。如果你不容易到這些地方去，那麼問問你的鄰居、家人或朋友。甚至你也許已經有一顆珍藏的石塊或是石頭，你也可以把它當成你的魔法石。

　　當你找到你的魔法石時，把它放在床邊，放在一個你就寢時一定看得到的地方。如果需要的話，清出一些空間，這麼一來，你可以很輕易地看到你的魔法石。如果你使用鬧鐘，就把它放在鬧鐘的旁邊。

　　今晚在你就寢前，拿出你的魔法石，用一隻手握住它，並用手指包覆它。

　　仔細回想一整天發生過的所有美好事情，並找出你「最感恩的事物」。接著對發生過最美好的事情說出魔法句——「感謝你」。然後把魔法石放回你床頭旁原來的位置。就這樣！

　　接下來二十六天的每一晚，都要做這個「魔法石」練習。在你入睡前，回想一整天所發生的事，而且回到當天發生過「最

美好的」事情上。當你握著魔法石時，盡可能對那件事表達感恩，並且說「感謝你」。

使用一顆石頭似乎是一件簡單的事，但是透過這個練習，你將會開始在生命中看到神奇的事發生。

當你要找尋一天中「最美好的」事時，你將會搜尋發生過的許多美好事情。而在尋找的過程中，以及決定「最美好的」事情是哪一件時，你確實在思考著你感恩的許多事物，這也確保了你每天入睡及醒來時是帶著感恩的。

「數算你的恩典」以及「魔法石」練習能確保你是在感恩的狀態下開始及結束每一天。事實上，它們非常強而有力，所以如果兩個一起運用，會在接下來的幾個月中改變你的人生。但這本書的設計是要透過豐富的魔法練習很快地改變你的人生，因為感恩是有磁力的，且能吸引到很多可以感恩的事，所以集中練習感恩二十八天後，將會強化你感恩的磁力。當你有一股很強的感恩磁力時，你會有如魔法般自然而然地吸引你想要及需要的每一件事物到你身邊！

魔法提醒

今天要確實讀完明天的魔法練習，因為你將需要在練習開始前蒐集一些照片。

魔法練習 2

魔法石

1. 重複魔法練習 1（「數算你的恩典」：列出十項你接收到的恩典）的第一到第三個步驟。寫下**為什麼**你要感恩，然後重新去讀你的清單，而且在每項恩典的結尾說「感謝你、感謝你、感謝你」，並盡可能對那項恩典感到感恩。

2. 找到一顆魔法石，把它放在你的床頭。

3. 在今晚入睡以前，手中握著你的魔法石，並想著今天所發生過最美好的一件事。

4. 對今天發生的那件美好的事說出魔法句——「**感謝你**」。

5. 接下來的二十六天都要重複「**魔法石**」練習。

6. 今天要閱讀明天的魔法練習。

Day 3

魔法般的關係

想像一下，如果你是地球上唯一的人類，你將不會有做任何事情的渴望。如果沒有人會看到你所畫的畫，你創作畫是為了什麼？如果沒有人聽你所譜寫的歌曲，創作歌曲是為了什麼？如果沒有人使用的話，發明任何東西的目的又是什麼？此外，你也沒有理由從一個地方搬到另一個地方，因為不管你去哪裡，都跟你原來在的地方一樣——沒有人在那裡。你的人生中將毫無樂趣或喜悅。

你與其他人的接觸和共處的經驗，帶給你的人生喜悅、意義以及目的。也因此，比起其他任何事，你的人際關係對你人生的影響更深遠。為了得到你夢想的人生，很重要的是，要了解你的關係是如何影響你現在的人生，以及它們如何成為最強有力的感恩管道，讓你開始神奇地改變自己的人生。

　　科學現在證實了過去偉人的智慧，因為學術研究顯示，實踐感恩的人有更緊密的人際關係，他們跟家人和朋友的關係更親密，而且其他人會用喜愛的眼光來看待他們。但是學術研究當中有一項也許是最令人震驚的統計數據：對其他人的每「一個」抱怨，不管是想法或言語上的抱怨，都需要有「十份」祝福才能讓關係變得友好。對於每一個抱怨，只要祝福少於十份，這段關係將會惡化，而且如果這段關係是指婚姻的話，很有可能最後會以離婚收場。

　　感恩讓友情開花。當你對任何一段友誼添加感恩時，你將會在那段關係中神奇地吸引到快樂富足以及美好的事物。而對你的關係表達感恩並不只是改變這段關係而已，它也改變了你。不管你現在的脾氣如何，感恩會讓你有更多的耐心、理解、憐憫及仁慈，到了一種你甚至不認得自己是誰的地步。你曾經在人際關係中感受過的不快，以及你有過的抱怨將會消失，因為當你真的感謝另一個人時，你不會想改變他任何事。你不會批評、抱怨或責備對方，因為你忙著感謝他們身上美好的事物。事實上，你甚至看不到你曾經抱怨的事。

　　「在那些我們可以活出最真實的自我的時刻，正是我們真正留心並珍惜所擁有的（寶藏）之際。」

桑頓・懷爾德（1897-1975）
作家及劇作家

　　言語是非常有力量的，所以當你抱怨任何人時，事實上是在傷害「你的」人生。「你的」人生會變得痛苦。根據吸引力法則，不管你想著或說著另一個人怎樣，它都會回到你身上。這就是爲什麼世界上的偉人和導師們告訴我們要感恩。他們知道，爲了讓你在「你的」生命中獲得更多、爲了讓「你的」人生能像魔法般提升，你必須感恩其他人是他現在所是的樣子。如果每一個親近你的人都說：「我就愛你現在所是的樣子。」你的感覺如何？

　　今天的魔法練習是：感謝人們是他們所是的樣子！即使你目前所有的人際關係都很好，透過這個練習，你的人際關係會更有深度。而且當你在每個人身上找到可以感恩的每一件事時，你將看到感恩施展其令人嘆爲觀止的魔法，而你的人際關係會變得比你想像過的更穩固、更有意義，也更豐富。

　　選出你可以感謝的三段親密關係。你可能會選擇你的太太、兒子、父親，或是你的男朋友、事業上的夥伴、姊妹。你可能會選擇你最要好的朋友、你的祖母、叔叔或舅舅。你可以選擇對你來說很重要的三段關係，只要你有他們每一個人的照片就好。照片可以是他的獨照，或是你們兩個人的合照。

　　一旦選出三段關係及照片後，你就已經準備好要施展魔法了。請坐下來思考你最感謝他們每個人的事。你最喜愛這個人的哪些事？他最棒的人格特質是什麼？你可以感謝對方的耐

心、傾聽的能力、天賦、力量、正確的判斷、智慧、笑聲、幽
默感、眼睛、笑容或善良的心。你可以感謝你喜歡跟那個人一
起做的事，或是你可以回想當那個人在你身邊、照顧你或是支
持你的那段時間。

　　在你花了一些時間思考你感謝那個人的原因後，把對方的照
片放在你面前，然後選出你最感恩那個人的五件事，用筆記本
和筆，或是用電腦寫下來。當你在列出那五項事情時，要看著
那個人的照片，然後用魔法句「**感謝你**」作爲每一個句子的開
頭，直接講明對方的名字，接著寫下你所感謝的事。

　　感謝你，＿＿對方的名字＿＿，**因爲**＿＿＿什麼事？＿＿＿。

　　舉例：「感謝你，約翰，因爲你總是讓我開懷大笑。」或是
「感謝你，媽媽，因爲你資助我念完大學。」

　　當你完成對這三個人的感恩事項清單之後，記得今天要把照
片帶在身邊，而且把它們放在你經常看得到的地方，來持續這
個魔法練習。今天每當你看到照片時，請藉由說出魔法句「感
謝你」以及那個人的名字來感謝那個人：

　　感謝你，海莉。

如果你時常到處跑，就把照片放在包包或口袋裡，而且盡量一天按照同樣的程序看照片三次。

現在你知道要如何使用感恩的神奇力量來使你的關係轉變成「魔法般的關係」。雖然這不是本書的部分要求，但是你也許想要視需要每天運用這個神奇的練習，來讓自己的每一段關係都變得很棒。只要你想要，你可以在同一段關係上練習很多次。你愈感謝關係中的美好事物，你生命中的每一段關係就會愈快發生奇蹟般的改變。

魔法練習 3

魔法般的關係

1. 重複魔法練習 1（「數算你的恩典」：列出你接收到的十項恩典）的第一到第三個步驟。寫下你為什麼要感恩，然後重新去讀你的清單，在每項恩典的結尾說「**感謝你、感謝你、感謝你**」，並盡可能對那項恩典感到感恩。

2. 選擇你最親近的**三段**關係，並找出他們每個人的一張照片。

3. 把照片放在面前，寫下你感謝每一個人的**五件**事。請寫在日記裡或是打在電腦裡。

4. 用「**感謝你**」這個詞當作每一個句子的開頭，然後句子內容要包含對方的名字，以及你特別感謝的事情。

5. 今天把這三張照片帶在身上，或是把它們放在你能常常看到的地方。至少在**三個**不同的時段看這些照片、對著照片裡面的人說話，並透過說出魔法句「**感謝你**」以及對方的名字來感謝他們。*感謝你，海莉。*

6. 今晚睡前，請在手中握著魔法石，並對一天當中所發生過最美好的事說出魔法句「**感謝你**」。

Day 4

魔法般的健康

「最偉大的財富就是健康。」

維吉兒（西元前70-19）

羅馬詩人

　　健康是人生中最珍貴的事物，然而比起其他任何東西，我們更容易把健康視爲理所當然。大多數人唯一會想到健康的時候，是當失去它時。然後，這樣的體悟讓我們清醒了：沒有了健康，我們就什麼也沒有了。

　　有一句義大利諺語爲我們道出了關於健康的眞理：「維持良好健康的人是富有的，即使他自己不知道。」就算我們很少在身體好時想到健康的重要，然而當你有小感冒或是發燒、且需要一直臥床養病時，你將感受到那些話的眞實。當你不舒服

時，你所想要的就只是能感覺好一點，而且沒有其他事情比再次恢復健康來得更重要。

健康是生命的禮物，這是你已獲得並每天持續接收的事物。除了我們為健康所做的每一件事之外，我們必須感謝健康，以持續得到更多健康！

記住：

「凡（對健康）有感恩的，還要加給他，叫他有餘；凡（對健康）沒有感恩的，連他所有的，也要奪去。」

你也許認識有些人選擇健康的生活型態，但還是失去他們的健康。對你所「獲得」的健康「付出」感謝是重要的。當你感恩健康時，你不只能保有目前的健康，同時也會啟動魔法來增加你的健康之流。你也將馬上看到健康狀況改善，小疼痛和痛苦、痣或斑點將開始像魔法般地消失，而你會注意到你的能量、活力以及快樂明顯地增加。

如同你在之後的練習中會學到的，透過每天練習感恩自己的健康狀態，你可以改善你的視力、聽力、所有感官，以及全身的每一種功能。這一切都會像是魔法般地發生！

「感恩是疫苗、抗毒素以及抗菌劑。」

约翰‧亨利‧喬懷德（1864-1923）
長老教會牧師及作家

　　你對健康的感恩程度，就是你的健康會像魔法般改善的程度；而你不感恩的程度，就是你的健康會減損的程度。健康狀況愈來愈差，表示你的能量、活力、免疫系統、思緒的清晰度，以及你身體和心智的每個功能都在變弱。

　　對自己的健康說「謝謝你」，可以保障你將持續獲得更多可以讓你感謝的健康，同時會減輕你身體和心智上的壓力及緊繃。科學研究顯示，壓力和緊繃是很多疾病的根源。研究也指出，練習感恩的人康復得比較快，而且可能多活七年之久！

　　你可以看一下自己現在的健康狀態，就會知道你的感恩有多少。你應該每天都感到很神奇，所以如果你覺得很沉重，且生活很費力，或是如果你沒有覺得比你實際的年齡還年輕，那麼你的健康就是在衰敗中。失去活力的其中一個最主要的原因是缺乏感恩。但一切都將改變，因為你將為了自己的身體健康使用感恩的魔力！

　　這個「魔法般的健康」練習是以讀出以下關於你身體健康的句子開始。在唸完針對你身體的特定部位、標以楷體字的每一

個句子之後，請閉上眼睛，然後在腦海裡重複楷體字的句子，並盡可能對你身體的那個部位感覺到感恩。要記住，當你在思考**爲什麼**你會感恩時，它將幫助你更深刻地感覺到感恩，而你的感受愈深刻，就會愈快在自己的身體上感覺到並看到美妙的結果。

　　想想你的腿和腳，它們是你生活中主要的交通工具。想想你使用腿去做的所有事情，例如平衡、站起來、坐下、運動、跳舞、爬階梯、開車，以及最重要的：能行走的奇蹟。你的腿和腳讓你可以在家裡走動、走進浴室、走去廚房喝水，以及走進你的車中。你的腿和腳讓你可以在店裡走動、走在街上、穿過機場，以及沿著海灘散步。行走的能力讓我們有享受人生的自由！所以請說：「*感謝我的腿和腳。*」而且要眞心這麼認爲。

　　想想你的手臂和手，以及想想你在一天當中舉起和握住多少東西。你的手是你生活中最主要的工具，而且一整天、每一天都不會停止使用。你的手讓你可以寫字、吃飯、使用電話或電腦、淋浴、穿衣服、使用浴室、撿起東西和握住東西，以及爲你自己做任何事。不使用手的話，你會依賴其他人爲你做事。所以請說：「*感謝我的手臂、手和手指頭！*」

　　想想你那些神奇的感官。一天中，當你吃飯和喝東西時，你的味覺給你這麼多樂趣。當你因感冒而失去味覺時，由於無法

品嘗食物或是飲料的味道，你知道飲食的喜悅消失了。所以請說：「感謝我那神奇的味覺！」

你的嗅覺讓你能夠感受到生命的芬芳：花朵、香水、乾淨的床單、正在烹煮的晚餐、冬天晚上燃燒中的火、夏天的空氣、剛修剪過的草皮、雨後大地的味道。所以請說：「感謝我那美妙的嗅覺！」

如果沒有觸感，你將無法分辨冷或熱、柔軟或尖銳、平滑或粗糙。你將無法感覺到物體，或透過身體去表達喜愛或接收它。你的觸感讓你能透過一個令人欣慰的擁抱，觸摸你喜愛的人，而且感覺到另一個人手的觸摸，是生命中最珍貴的事物之一。所以請說：「感謝我那珍貴的觸感！」

想想你眼睛所展現的奇蹟，因為它們讓你能看到你喜歡的人和朋友的臉，讓你可以閱讀書籍、報紙及郵件、看電視、看見大自然的美，以及最重要的：看到你的人生之路。只要用一條帶子矇住你的眼睛一小時就好，然後試著去做你平常做的事，你就會珍惜你的眼睛。所以請說：「感謝我的眼睛讓我能看到所有的一切！」

想想你的耳朵，它們讓你能聽到自己和其他人的聲音，這樣你才能跟別人說話。沒有耳朵和聽覺，你無法使用電話、聽音

樂、聽廣播、聽你喜愛的人說話,或是聽到周圍任何的聲音。所以請說:「感謝我的聽力!」

而如果沒有大腦的話,要使用你的任何一個感官都是不可能的。透過你所有的感官,大腦一秒內處理了超過百萬條訊息!正是你的大腦讓你能夠感受並經驗人生,而且世界上沒有任何電腦科技能複製它。所以請說:「感謝我的大腦以及我那美妙的心智!」

想想看,為了你的健康、身體以及生命,大約有一兆個細胞終其一生每天二十四小時、一星期七天不停地運作著。所以請說:「細胞,感謝你們!」想想那些維持生命的器官,它們不停地過濾、洗淨以及更新你體內的一切,而且請思考一個事實:它們自動做著它們的工作,你甚至不用去想這些事。所以請說:「器官,感謝你們這麼完美地運作著!」

但是比體內任何感官、系統、功能或其他器官更神奇的是你的心臟。你的心臟掌管其他器官的生命,因為讓生命流進你身體內每一個系統的正是心臟。所以請說:「感謝我那強壯且健康的心臟!」

接下來,拿出一張紙或卡片,寫下大大的粗體字:

健康的禮物就是讓我可以活著。

今天把這張卡片帶在身上，而且把它放在你知道自己常看到的地方。如果你在桌邊工作，可以把它放在面前；如果你開車，把它放在你的車或卡車上可以常看到的地方；如果你大部分時間都在家，可以把它放在洗手檯或電話旁。選擇一個你知道你會常看到這些字的地方。

今天至少要在四個不同的場合做這個練習。當你看到這些字時，要非常緩慢地把它們讀出來，一次唸一個字，且盡可能對健康給你的這份禮物感覺到感恩。

感恩你的健康對保有健康非常重要，但同時也能保障它能持續變得更好，因為你的能量和對生命的熱愛會不斷增加。如果感恩和傳統醫療方式一起使用，我們會看到一場健康革命，以及過去不曾見到的康復率和奇蹟。

魔法練習 4

魔法般的健康

1. 重複魔法練習 1（「數算你的恩典」：列出你接收到的十項恩典）的第一到第三個步驟。寫下爲什麼你會感恩，然後重新去讀你的清單，對每一項恩典說「感謝你、感謝你、感謝你」，並對其感覺到感恩。

2. 在一張紙或卡片上寫下這些字：

   健康的禮物就是讓我可以活著。

3. 把這張紙或卡片放在你知道自己今天會常看到的地方。

4. 至少要在**四個**場合慢慢地讀出這些字，而且盡可能對健康給你的這份珍貴的禮物表達感恩！

5. 今晚睡前，請在手中握著你的魔法石，並對今天所發生過最美好的一件事說出魔法句「感謝你」。

Day 5
魔法般的金錢

「感恩就是富有；抱怨就會貧窮。」

基督教科學派聖詩

如果你的人生中缺乏金錢，要了解，對金錢抱持著擔憂、羨慕、嫉妒、失望、沮喪、懷疑或恐懼等感受，絕不可能讓你有更多的錢，因為那些感覺源自你對現在所擁有的金錢缺乏感恩。抱怨金錢、爭論錢、對錢感到挫折、批評某件事物的花費，或是讓其他人對錢有不好的感覺，都不是感恩的行為，這樣做絕不會讓你人生中的錢增加，反而會減少。

不管你目前的狀況是什麼，如果你認為錢不夠用，你就是對現有的錢沒有感恩之情。你必須把目前的狀況從腦海中抽離，反過來感恩你現有的錢。這麼一來，你人生中的錢會像魔法般地增加！

「凡（對金錢）有感恩的，還要加給他，叫他有餘；凡（對金錢）沒有感恩的，連他所有的，也要奪去。」

當你的錢非常少時還要感恩，對任何人來說都非常具有挑戰性。但是當你了解到，除非感恩，否則事情不會有所改變，你才會受到鼓舞去做這件事。

對很多人來說，金錢這個主題非常微妙，特別是當他們沒有足夠的金錢時，所以這個「魔法般的金錢」練習有兩個步驟。重要的是，你要在一天的開始讀完「魔法般的金錢」整段練習的內容，因為你將要一整天持續這個金錢練習。

坐下來花幾分鐘回想在你擁有金錢之前的童年。當你想起有人幫你付錢的每個記憶時，說出並感受到魔法句「感謝你」，並全心地去感受當時的情景。

你總是有食物可以吃嗎？

你住在家裡嗎？

你接受了好幾年的教育嗎？

你每天是怎麼去學校的？你有課本、午餐，以及你在學校裡需要的所有東西嗎？

當你還小時，你曾經去度假嗎？

當你還小時，你收到最令人興奮的生日禮物是什麼？

你有腳踏車、玩具或寵物嗎？

當你長得非常快、衣服需要換更大尺寸時，你有衣服穿嗎？

你曾去看電影、運動、學習樂器或培養某種嗜好嗎？

當你不舒服時，你曾去看醫生和吃藥嗎？

你曾去看牙醫嗎？

你有每天要使用的生活必需品，例如牙刷、牙膏、肥皂及洗髮乳嗎？

你坐車出去旅行過嗎？

你曾看電視、打電話，以及使用燈光、電和水嗎？

這些東西都需要花錢，而且你全都擁有過──卻不用付一毛錢！當你回想童年和青少年時期的記憶，你會了解自己收到了多少需要努力賺錢才能得到的東西。要對每一件事、每一個記

憶感恩，因為當你可以對過去所收到的金錢感受到真誠的感謝之情時，未來你的金錢將會像魔法般增加！這是宇宙法則所保證的。

為了持續做「魔法般的金錢」練習，請拿出一張鈔票，然後在一張便利貼上寫下下面這句話，並貼在鈔票上：

感謝你在我一生中給過我的所有金錢。

今天就隨身帶著你的「魔法鈔票」，放在皮夾、皮包或是口袋中，然後至少早上和下午各把鈔票拿出來一次（如果有需要，你想拿出來幾次都行），握在手中，並唸出貼在上面的句子，而且要「真正地」感謝人生中得到的豐盛金錢。你愈是真誠、感受到的愈多，就會愈快看到金錢狀況產生奇蹟般的改變。

你不會知道錢後來是怎麼增加的，但很有可能會看到很多狀況為了你改變，讓你擁有更多的錢。你會突然發現一筆錢、收到原本沒有預期會拿到的現金或支票、拿到折扣、賺到佣金、費用降低，或是收到原本需要花錢去買的各種物品。

今天過後，把你的魔法鈔票放在每天都會看到的地方，以提醒你對得到的豐盛金錢表達感恩。絕對不要忘記，你看魔法鈔票愈多次，而且對所收到的金錢感覺到的感恩愈多，你能施展

出的魔法就愈多。對金錢表達豐盛的感恩，就會得到豐盛的金錢！

如果你發現自己即將抱怨某件跟錢有關的事，不管是透過言語或想法，都請問問你自己：「我願意爲這個抱怨付出代價嗎？」因爲一個抱怨會減慢、甚至停止金錢的流動。

從今天開始，請答應自己，每當你收到任何一筆錢時，不管是你的工作薪資、退款或折扣，或是某人給你某件原本需要用錢買的東西，你將會眞心地對其感恩。這每一種狀況都代表你收到了金錢，也都給了你機會使用感恩的魔力去增加金錢，甚至藉由感謝自己剛收到的金錢，你的錢會倍增更多！

魔法練習 5

魔法般的金錢

1. 重複魔法練習 1（「數算你的恩典」：列出你接收到的十項恩典清單）的第一到第三個步驟。寫下**爲什麼**你會感恩，然後重新去讀你的清單，對每一項恩典說「**感謝你、感謝你、感謝你**」，並對其感覺到感恩。

2. 坐下來，花幾分鐘的時間回想你整個童年時期，以及所有你收過免費提供給你的事物。

3. 當你在回想有人替你付錢的每一個記憶時，說出並感受到魔法句「**感謝你**」，且全心全意去感受每一個記憶的情景。

4. 拿出一張面額較小的鈔票，並用粗體字在一張便利貼上寫出以下這句話，然後把它貼在鈔票上：

   感謝你在我一生中給過我的所有金錢。

5. 今天隨身帶著你的魔法鈔票，然後至少早上和下午各把鈔票拿出來一次（如果有需要，你想拿出來幾次都行），握在手中，並念出貼在上面的句子，而且要「**真正地**」對你所得到的豐盛金錢表達感恩。

6. 今天過後，把你的魔法鈔票放在每天都看得見的地方，以提醒你持續對你生命中所得到的豐盛金錢表達感謝。

7. 今晚睡前，請在手中握著你的魔法石，並對今天所發生過最美好的一件事說出魔法句「感謝你」。

Day 6
像魔法般工作

「如果你從事任何一種活動、任何形式的藝術、任何一種專業、任何技能，都全力投入，並盡可能往前推進，超越它以前所能達到的範圍，推到最遠的邊界，那麼你就使其進入魔法的領域了。」

湯姆・羅賓斯（生於1936年）
作家

　　一個出身貧困、白手起家，而且受的教育非常少的人，如何成為總統或名人，或是建立一個王國，並成為世界上最富有的人之一？兩個從事相同職業的人，為何一個人從成功變得更加成功，而另一個人辛苦工作還把自己累壞，卻只有得到一點點成功，不管他有多努力？其中缺少的環節就是感恩，因為根據吸引力法則，你必須對吸引成功所需的事物感恩。所以，如果沒有感恩，要擁有持久的成功是不可能的。

　　要為你的工作帶來成功，或是增加美好的事物，像是機會、升遷、金錢、絕佳的點子、靈感，以及他人的賞識，重要的是要對你的工作感恩。你愈是感恩，可以感恩的事就愈多！而你現在應該明白了，要在人生中增加任何事物，你應該先感謝你已經擁有的。

　　「凡（對自己的工作）有感恩的，還要加給他，叫他有餘；凡（對自己的工作）沒有感恩的，連他所有的，也要奪去。」

　　當你感恩自己的工作時，你會自發地更加投入；而當你在工作上投入更多時，你將會增加回到你身上的金錢和成功。如果不感謝自己的工作，你的付出自然會比較少；而當你付出比較少時，你就減少了回到你身上的東西，因此，你在工作中不會快樂、你將不會比你應該做的付出更多，而你的工作將會停滯，最後惡化，這可能代表你會失去工作。記住，對於那些沒有感恩的人，連他所擁有的都會被奪去。

　　你給予的感恩多寡與你能回收的成正比。你可以藉由付出的量來控制你所得到的量！

　　如果你是一個企業主，你的企業價值是增加還是減少，取決於你的感恩。你對你的事業、你的客戶以及你的員工愈感恩，

事業愈會成長和提升。當企業主停止感恩,並用擔心來取而代之時,他們的事業就開始走下坡了。

如果你為人父母,而你的工作是照顧孩子和維持你的家,那麼就找尋人生的這段時期可以感恩的事。通常這是一輩子唯一的機會。而當你可以感恩這段時期時,你會為這段經驗吸引到更多支持、更多幫助、更多美好的時光,以及更多的快樂。

不管你的工作是什麼,你都應該喜愛它,而且一想到要去工作就感到興奮,沒有這樣,就不應該感到滿足。如果你對目前的工作沒有這種感覺,或者如果這不是你夢寐以求的工作,那麼得到你理想中的工作唯一的方法就是,先對你目前的工作感恩。

想像今天你有一個隱形的經理,他的工作就是記錄你對於工作的想法和感覺。想像今天不管你去哪裡,你的經理都會跟隨著你,手中優雅地拿著筆和筆記本,然後每當你發現工作中有某件可以感恩的事時,你的經理就會記錄下來。你的工作是盡可能找出你可以感恩的事物,這樣一天結束後,你的經理就記錄了一長串的感恩清單。這清單愈長,你那隱形的經理能為你的金錢、工作上的成功、機會、喜樂以及成就感施展的魔法就愈多。

　　想想看你的工作中值得感恩的所有事情。一開始時，思考一下你確實擁有一份工作這個事實！想一下有多少人失業，這些人願意付出「任何東西」去擁有一份工作。想想看你使用的那些能節省時間的設備，例如電話、印表機、網際網路以及電腦。想想看與你共事的同仁，以及你和他們之間的友誼。想想看那些讓你的工作變得更簡單的人，例如接待人員、助理、警衛以及送貨人員。想想看當你收到薪水支票時，感覺有多麼美好，另外也想一下在你的工作中，你最喜歡做的項目是哪些。

　　在你每次找到可以感恩的某件事時，讓你那隱形的經理透過下面這句話幫你記錄下來：

　　我非常感恩＿＿＿＿什麼事？＿＿＿＿。

　　你的經理愈能深刻地理解你感受到的感恩之情，他在你的工作中可以開始施展魔法的速度愈快，而且愈多魔法會被創造出來。一天當中針對你的工作，你是有可能產生非常多感恩的，所以你會看到狀況馬上改善。幸運時刻不是偶然發生，它們只不過是感恩的魔力發揮作用而已！

　　如果「像魔法般工作」的練習剛好落在週末，或是當你不用
工作時，就先進行隔一天的練習，並在你回到工作崗位上的第
一天回頭做這個魔法練習。

魔法練習 6

像魔法般工作

1. 重複魔法練習 1（「數算你的恩典」：列出你接收到的十項
   恩典）的第一到第三個步驟。寫下**為什麼**你會感恩，然後重
   新去讀你的清單，對每一項恩典說「**感謝你、感謝你、感謝
   你**」，並對其感覺到感恩。

2. 你今天工作時，想像有一個隱形的經理跟隨著你，每當你找
   到可以感恩的事時，他就在一旁記錄下來。你今天的工作就
   是盡可能找到許多你可以感恩的事。

3. 當你找到可以感謝的某件事時，讓你的經理記錄下來。請
   說：「**我很感謝＿＿什麼事情？＿＿。**」而且盡可能感受到感
   恩。

4. 今晚睡前，請在手中握著你的魔法石，並對今天所發生過最
   美好的一件事說出魔法句「**感謝你**」。

Day 7
擺脫負面情況的魔法

「感恩的人在所有的情況下都能感恩。」

巴哈歐拉（1817-1892）
巴哈伊教波斯創始人

　　不管是關係惡化、財務壓力、健康欠佳，或是工作上的問題，負面狀況之所以會出現，是因為你有一段時間缺乏感恩。如果沒有對生命中的每一件事感恩，我們無意中會把那些事視為理所當然。把事情當作理所當然，是負面狀況會出現的最主要原因，因為當我們把事情視為理所當然時，我們就不會付出相對的感謝，於是我們就讓魔法停止出現在我們的生命中了。對別人付出感謝總是能讓我們的生活像魔法般地提升；同樣地，把事情視為理所當然，也總是會讓我們的生活減損。

　　身體健康狀況良好時，你會感恩嗎？或者只有當生病或受傷時，你才會注意到自己的健康狀況？你每天都會感恩你的工作嗎？或者只有當聽到可能會裁員時，你才會珍惜你的工作？每當你領到報酬或薪水時，你會感恩嗎？或者你把報酬或薪水視為理所當然？當一切順利時，你會感恩所愛的人嗎？還是當有問題出現時，你才跟別人談論他或她的事？當你的車況很好時，你會感恩嗎？或是只有當車子拋錨時，你才會想到它？

　　你感謝每天都活著嗎？或是你把每一天視為理所當然？

　　把事情視為理所當然，會導致抱怨、負面的想法和言語。所以當你抱怨時，透過吸引力法則，你一定會將更多可以抱怨的事物帶進你的生命中。

　　如果你抱怨天氣、交通、老闆、配偶、家人、朋友、陌生人、排隊、帳單、經濟、某件東西的費用，或某家公司的服務，你就不會感恩。而每抱怨一次，你就把夢想的生活推得更遠。

　　現在你了解到，抱怨、負面想法和言語，以及把事情視為理所當然，會阻擋美好的事物發生在你的生命中。現在你明白，當某件事不太對勁時，一定是你無意中沒有付出足夠的感恩。

　　當你感恩時，你不可能會有負面的想法或行為。當你感恩時，你不可能去批評和責備。當你感恩時，你不可能覺得難

過或有任何負面的感覺。如果你最近的生活中有任何負面的狀況，好消息是，透過感恩來轉化它們將不會花太久的時間。負面情況會像一縷輕煙消失無蹤——就像魔法一樣！

首先，儘管看似困難，你必須在負面狀況中找尋可以感恩的事。不管事情有多麼糟，你總是能找到可以感恩的事物，特別是當你知道感恩將像魔法般轉換每個負面的狀況時。知道生命真正魔法的華特・迪士尼就在他的電影《波麗安娜》中告訴我們該怎麼做。

當我還小時，以「歡樂遊戲」聞名的迪士尼一九六〇年代電影《波麗安娜》對我有深遠影響。我從童年到青少年時期都在玩電影中的「歡樂遊戲」。玩「歡樂遊戲」必須盡可能尋找很多讓人感到開心的事，特別是在負面情況中。在負面狀況中找到可以開心的事（或是找到可以感謝的事）能使解決方案出現！

華特・迪士尼在電影《波麗安娜》中示範了感恩的魔力，而幾千年前，佛陀也示範了同一種魔力的運用方式，他說：

> 「讓我們振奮起來並感恩，因為就算今天我們沒有學到很多，至少也學到了一些。就算連一些也沒有學到，至少我們沒有生病。就算生病了，至少我們還活著。所以，讓我們感恩吧！」

佛陀（西元前563-483）
佛教創始人

　　讓佛陀的話語啓發你，而且今天就在你生活中最想解決的一個問題或負面情況中，尋找可以感恩的十件事。我知道一開始要做這個練習會有挑戰，但是佛陀已經告訴你該如何做到。請用你的電腦打字，或是在你的感恩日記裡列出十件事。

　　舉例來說，你的問題可能是失業，而且儘管你已經盡全力了，還是找不到工作。爲了像魔法般轉變這個狀況，你必須專注地對這個狀況做感恩練習。至於該怎麼說，這裡有一些你可以參考的例子：

1. 我很感恩這段期間能有這麼多時間陪我的家人。

2. 我很感恩因爲我擁有的空閒時間，讓我的人生處在一個更美好的秩序中。

3. 我很感恩人生中大部分時間我都有工作，而且累積了經驗。

4. 我真的很感恩這是我第一次失業。

5. 我很感恩到處都有工作，而且每天都有更多新工作出現。

6. 我很感恩在申請工作及參加面試時所學習到的事物。

7. 我感恩我所擁有的健康，也感謝我可以工作。

8. 我感恩家人的鼓勵和支持。

9. 我感恩我所得到的休息，因爲那正是我所需要的。

10.我感恩透過失去工作而了解到有一份工作對我來說是多麼重要。一直到現在我才了解。

如果失業的人懂得感恩，他們將會吸引到不同的情況，而且他們目前的狀況一定會有如魔法般改變。感恩的力量比任何負面情況更強大，而且有無限多種方式可以改變負面的情況。你所要做的，就是練習感恩，且看著魔法發生！

讓我們舉另一個例子：有一個兒子和他父親的關係出了問題，兒子覺得不管他怎麼做，他的父親似乎都覺得不夠好。

1. 我感恩我人生中大部分的關係眞的都很棒。

2. 我感恩我的父親工作這麼努力，讓我能接受他過去沒受過的教育。

3. 我感謝我的父親從小支撐我們的家庭,因為我那時不知道,為了維持家庭生計,必須付出多少的努力和花費多少金錢。

4. 我感恩我的父親在我小的時候,每週六都帶我去打籃球。

5. 我感恩我的父親這些日子以來對我不像過去一樣嚴厲。

6. 我感恩我的父親非常照顧我,因為如果他不在意我,就不需要對我嚴厲了。

7. 我感恩透過我和父親的關係,我學習到對我的孩子們要有憐憫心和更多的理解。

8. 我感謝我的父親示範給我看,在撫養出快樂而有自信的孩子這件事情上,鼓勵是多麼重要。

9. 當我和父親一起歡笑時,我真的很感恩。有些人絕不可能像我們一樣,因為他們沒有父親。而其他失去父親的人,他們再也不會有機會和自己的父親一起歡笑。

10. 我真的很感恩有父親,因為即使在艱困的時候,也有美好的時光,而且未來我與父親將有更多美好的時光。

兒子對父親由衷地感恩，將使兩人的關係變得更好。兒子改變對父親的想法和感受，會馬上改變他從父親那兒吸引來的事物。即使兒子是在心裡感謝，從能量和量子的層次來說，兒子的感恩將對他與父親之間的關係產生魔法般的效果。如果他保持感恩，透過吸引力法則，他跟父親在一起時一定會碰到更加美好的狀況，而且他們的關係一定馬上開始改善。

記住，你可以透過你的感覺來分辨感恩是否正在運作。練習完感恩後，你對這個狀況的感覺應該會好很多。感恩的魔力發揮的第一個證明就是，你的感覺提升了。所以當你的感覺好一點時，你知道狀況將會改善，而且解決方案會出現。你想解決的任何負面狀況，其解決之道就是將心思集中在感恩上，直到你心裡感覺好一點。接著，你將看到魔法在外在世界中施行它的奇蹟。

請用以下方式列出十件讓你感恩的事：

我很感謝＿＿＿＿＿。
或是，我真的很感恩＿＿＿＿＿。

空白處請填上你感恩的事物。如果你覺得華特・迪士尼的方法比較容易，你也可以運用他使用感恩魔力的方式：

我很高興＿＿＿＿＿。

　　然後在空白處填上讓你很開心的事。

　　一旦列出讓你感恩的十件事，寫下這句話來結束「擺脫負面情況的魔法」練習：

　　感謝你、感謝你、感謝你提供了完美的解決之道。

　　然後就從今天開始，看看你是否能一天都不說負面消極的話。這可能是個挑戰，但是看你是否能在一天中做到。接受這個挑戰有一個重要的原因，就是我們大多數的人都不知道自己講了多少負面事物，但只要觀察你的言語一天之後，你就會知道。記住，負面性及抱怨帶來更多負面性及能抱怨的事物，而如果你意識到自己所說的話，你就可以停下來，然後決定你是否要承擔即將脫口而出的話所帶來的後果。如果你注意到自己正在思考或說某些負面的事，這裡有一條你可以使用的神奇救生索，那就是馬上停下來，並且說：

　　但是我必須說，我真的很感謝＿＿＿＿＿＿。

　　空白處填上你所感恩的任何一件事。將這條神奇救生索帶在身上，每當你需要時，就緊緊抓住它。

　　如果未來發生了任何小問題或狀況，記得要在變成大火前，用感恩將餘燼撲滅。在這同時，你將會點燃你生命中的魔法！

魔法練習 7

擺脫負面情況的魔法

1. 數算你的恩典：列出你接收到的十項恩典。寫下爲什麼你會
   感恩，然後重新去讀你的清單，對每一項恩典說「**感謝你、
   感謝你、感謝你**」，並對其感覺到感恩。

2. 選擇你生命中最想解決的一個問題或負面情況。

3. 針對那個負面情況，列出你可以感謝的**十件**事。

4. 在你的清單結尾寫下：
   感謝你、感謝你、感謝你提供了完美的解決之道。

5. 從今天開始，看你是否能一整天都不說負面的話。如果你
   注意到自己在想或在說某些負面的事，就用這條神奇救生索
   ——馬上停下來說：
   但是我必須說，我眞的很感謝＿＿＿＿＿＿。

6. 今晚睡前，請在手中握著你的魔法石，並對今天所發生過最
   美好的一件事說出魔法句「**感謝你**」。

Day 8
魔法的飲食

「一顆感恩的心能有持久的饗宴。」

W. J. 卡麥隆 (1879-1953)

媒體人及商人

　　在進食前對要吃的食物表示感恩，是人們幾千年來依循的傳統，可以追溯到古埃及人。而在二十一世紀的快速生活步調之下，花點時間感謝一頓餐常常被人們忽略。但是，把吃飯和喝東西這個簡單的動作當成可以感恩的機會，將大幅增加出現在你生活中的魔法！

　　如果回想一下當你真的很餓的那段時間，你會記得你那時無法思考或是正常運作。你的身體覺得虛弱，你可能開始顫抖、思緒變得混亂，而且感覺低落。才幾個小時沒用餐而已，這全

都可能發生！你需要食物才能存活、思考，且感覺美好，所以
感恩食物是一個很棒的交易。

　　為了對食物感受到更多的感恩之情，花點時間想想所有讓
你有食物吃的人。為了讓你有新鮮的水果和蔬菜吃，農夫必須
持續不斷地灌漑以滋養水果和蔬菜，保護它們好幾個月，直到
可以收成為止。接著有採收者、包裝者、經銷商，還有晝夜不
停地開了大老遠的路程運送物品的人。這些人和諧地一起工作
著，就是為了確保送到你手中的每一顆水果和每一份蔬菜都是
新鮮的，而且一年四季隨時供應。

　　想想畜牧業者、漁夫、酪農、咖啡農和茶農，以及所有的包
裝食品公司，他們努力不懈地生產我們所吃的食物。整個世界
的食物生產是每天都在彈奏、令人讚嘆的管弦樂曲，而且它的
深奧之處在於，當你想到為了維持全世界食物和飲品的供應，
有多少人要一起參與，生產食物和飲品，並運送至商店、餐
廳、超級市場、咖啡店、機場、學校、醫院，以及這星球上的
每一戶人家。

　　食物是一份禮物！它是大自然的禮物，因為如果大自然不供
給我們土壤、養分和水來種植食物，我們每一個人都沒有東西
可以吃。沒有了水，就沒有食物、植物、動物或人類。我們用
水來煮食、種植食物、維護花園、供應浴室用水、讓每一種交
通工具運行，也用水來支撐醫院、燃油、採礦及製造業用水，

以及鋪路、製造衣服及地球上的每一種消費品和用品。另外，水還讓我們能製造塑膠、玻璃、金屬和可以拯救生命的藥物，以及建造我們的家園和其他每棟建築物。而且，水讓我們的身體能存活。水，水，水，偉大的水啊！

「如果這星球上有魔法，那就是水覆蓋其上。」

羅倫‧艾瑟利（1907-1977）
人類學家及自然科學作家

如果沒有食物和水會怎樣？我們就不會在這裡了，而我們的家人或朋友也沒有一個人能在這裡。我們不會有今天，也不會有明天。但因為大自然提供食物和水的禮物，所以我們一起住在這個美麗的星球，生活充滿挑戰以及欣喜若狂的歡樂！在你吃飯或是喝任何東西之前說出簡單的魔法句「**感謝你**」，代表你承認並感恩食物和水帶來的奇蹟。

不可思議的是，當你感謝食物和水時，不只會影響你的人生，也會衝擊到這個世界的供給。如果有足夠的人對食物和水感到感恩，確實能幫助到那些受飢餓所苦以及有急迫需要的人。藉由吸引力法則，以及牛頓的作用力和反作用力定律，大規模感恩的行動一定能產生一個力量相等的大規模反作用力，這會為地球上的每一個人改變食物和水短缺的情況。

　　除此之外，你對食物和水的感恩態度，能讓魔法在你的生命中持續出現，而且它將用華麗的黃金線穿過每一件對你來說珍貴的事物、每一件你喜愛的事物，以及你夢想的事物。

　　古時候的人相信，當他們帶著感恩祝福食物和水時，就能淨化所祝福的任何東西。而當你去研究近代量子物理學的理論和發現，像是觀察者效應時，會發現古人所說的可能非常準確。量子物理學的觀察者效應指的是觀察的動作在被觀察的任何東西上所產生的改變。想像一下，假如在你的食物和飲品上投注感恩，能改變它們的能量結構及淨化它們，所以你吃進去的每樣東西對你的身體健康都有最大的效果，那將會如何？

　　要馬上體驗對食物及飲品感恩所產生的魔力，其中一種方式是確實地品嘗你正在吃或喝的東西。當你仔細品嘗食物或是飲品時，你就是在感恩它們。你可以做個實驗：下一次你在吃東西或是喝任何飲料或水時，請吃或喝一口，然後專注在你嘴裡食物的味道，或是在你吞下去之前品嘗飲品的味道。你將會發現，當你專注在嘴裡的食物或飲品且品嘗它時，味道似乎是爆開四溢；而當你不專心時，味道就大幅地減弱。

　　你專注和感恩的能量馬上就能為飲食提味！

今天在你吃飯或是喝任何東西前，不管你是要吃一頓飯、水果、餅乾，或是喝任何東西（包含水），花點時間看一下你正要享用的是什麼東西，然後默唸或是大聲地說出魔法句：「感謝你！」如果可以的話，請你只吃一口，然後真正地去品嘗。這樣不只能提升你的樂趣，也將幫助你感受到更多的感恩。

你也可以試試看我做過的某件事，它幫助我感覺到更多感恩。當我說出魔法句時，我會在我的食物或是飲品上揮動手指，像是在灑魔法金粉一樣，而且我想像魔法金粉能馬上淨化它所碰觸到的東西。做這件事真的幫助我感覺到，感恩是具有魔法的成分，而且我想要在我吃和喝的任何東西裡加入感恩！如果你想要更有效率，可以想像你的手上有一瓶可以灑金粉的搖搖罐，而且你正從搖搖罐裡搖出魔法金粉，灑在你要吃的食物上，以及在你要喝的每一種飲料中。

一天當中，如果你有任何一次在吃東西或是喝任何東西前忘記說出魔法句「感謝你」，只要一想起來，就閉上你的眼睛，在腦海中想像自己回到了吃飯或是喝飲品前那一兩秒，並說出魔法句。如果你一天當中有很多次都忘記要感謝食物和水，那麼明天就重複這個練習。為了培養感恩之情，你承擔不起錯過任何一天，因為你的夢想是建立在感恩之上！

感謝生活當中的簡單事物,例如食物和水,是最深刻的感恩表達形式之一。而且當你可以感覺到感恩的深刻程度時,你將會看到魔法發生。

魔法練習 8

魔法的飲食

1. 數算你的恩典：列出你接收到的十項恩典。寫下**為什麼**你會感恩，然後重新去讀你的清單，對每一項恩典說「**感謝你、感謝你、感謝你**」，並對其感覺到感恩。

2. 今天在你吃飯或是喝任何東西前，花點時間看看你將要吃或喝的東西，並默唸或是大聲地說出魔法句：「**感謝你！**」如果你想要，可以在食物或飲品上灑魔法金粉。

3. 今晚睡前，請在手中握著你的魔法石，並對今天所發生過**最美好的一件事**說出魔法句「**感謝你**」。

Day 9

金錢磁鐵

「唯有透過感恩，人生才會變得富足。」

迪垂克‧潘霍華 (1906-1945)

路德教派牧師

　　感恩會讓人更加富有，而抱怨則會讓人走向貧窮。不管是在你的健康、工作、人際關係或是金錢上，這都是你人生的黃金法則。對擁有的金錢愈感恩，即使你沒有很多錢，也將會得到更多財富。而你愈是抱怨金錢，就會變得愈貧窮。

　　今日的魔法練習是要將人們抱怨金錢的最大理由之一轉換為感恩的行動，因此有加倍的力量可以改變你的金錢狀況。你將用感恩來取代會讓你變得更貧窮的抱怨，像魔法般地為自己帶來富足。

　　大多數的人不認為他們有抱怨金錢，但是當生活中錢不夠用時，他們就會抱怨，卻不自知。人們透過想法和言語產生抱怨，而大多數人沒有察覺到他們腦袋中有很多想法。對於金錢的任何抱怨，以及負面的、嫉妒的、擔憂的想法或言語，其實都是在創造貧窮。而當要把錢付出去時，會產生最大的抱怨。

　　如果你沒有足夠的錢，付帳單可能是最困難的一件事。表面上看起來像是有一大堆遠超出你支付能力的帳單，但是如果你抱怨帳單，那麼你真正在做的是抱怨錢，而抱怨會讓你繼續貧窮。

　　如果你沒有足夠的錢，通常你最不會去做的就是對你的帳單感恩。但事實上，那正是你「必須」去做的事，這樣你才能得到更多的金錢。為了擁有富足的人生，你一定要對跟錢有關的任何事物感恩。勉強付帳單不是感恩，你必須做相反的事，就是「感恩」那些你從別人身上「得到」的產品或服務，以及跟你收取費用的人。這是如此簡單的一件事，但是它將會在你的人生中帶來極為龐大的效果。你將自然地成為一個金錢磁鐵！

　　為了對帳單感恩，想想看你從帳單上得到多少產品和服務。如果它是租金或是貸款的費用，就感謝你有一個你正居住其中的家。如果能住在一個房子裡的唯一方式就是把所有的錢存起來，然後付現，那會怎麼樣？假如沒有貸款機構或是可以借錢

的地方呢？我們大多數的人會流落街頭，所以請感恩貸款機構或你的房東，因爲他們讓你可以住在一個房子或是公寓裡。

如果是要付瓦斯或電費的帳單，想想看你享受到的熱氣或是冷氣、熱水澡，以及因爲瓦斯或電力的服務而能使用的每一項設備。如果是要付電話費或網路費，想像一下，如果你必須長途跋涉，分別去跟每個人講話，生活會變得多麼困難。思考一下，你能夠打電話給家人和朋友、寄發以及接收電子郵件，或是透過網路存取資料，這些卓越的服務都是有人提供的，所以要感謝那些人，而且要感恩他們的公司相信你，因爲在你付錢之前，他們就先提供服務了。

自從發現感恩的非凡力量後，每當我要付錢時，我都會在帳單上寫下魔法句：「感謝你——付清。」而且絕對不會錯過任何一張。一開始當我沒有錢可以付帳單時，我仍然使用感恩的魔力，在帳單上寫下「感謝這些錢」。當我有錢可以付時，我會加上另一句：「感謝你——付清。」

今天你也要做一樣的事。把你目前還沒付清的帳單拿出來，然後透過寫上「感謝這筆錢」來使用感恩的魔力，並對擁有能支付帳單的錢感恩，不管你現在是否擁有這筆錢。如果你大部分是透過網路收到並支付帳單，那麼當你收到一張電子帳單時，就用電子郵件轉寄給自己，並在主旨欄寫上：**感謝這筆錢**。

　　接下來，找到你之前付清的十張帳單，並在每一張的正面寫上魔法句：「感謝你──付清。」當你在每張付清的帳單上寫下這句話時，盡可能對你可以擁有付帳單的每一筆錢感覺到感恩。你對已付清的帳單所產生的感恩愈多，你能像魔法般吸引過來的金錢便愈多！

　　從今天開始，你可以讓感恩成為你的固定練習：每當你要付帳單時，很快地思考一下你從帳單中得到的美好服務，並在帳單上面寫下魔法句：「感謝你──付清。」如果你沒有錢可以支付帳單，就使用感恩的魔力寫下「感謝這筆錢」，並感覺到你是因為有錢可以支付帳單而說謝謝！

　　對已付出的金錢感覺到感恩，保證你會接收到更多。感恩就像是一條連到你的金錢的磁力黃金線，所以當你付完錢時，金錢總是會回到你身上，有時候是對等的，有時候是十倍，有時候則是百倍。你得到的豐盛不是取決於你付出多少錢，而是在於你付出多少感恩。當你付一張五十美元的帳單，之後收到數百美元時，可能是因為你付出很多感恩。

魔法練習 9

金錢磁鐵

1. 數算你的恩典：列出你接收到的十項恩典。寫下為什麼你會感恩，然後重新去讀你的清單，對每一項恩典說「**感謝你、感謝你、感謝你**」，並對其感覺到感恩。

2. 拿出最近的任何一張帳單，使用感恩的魔力，在每一張帳單上寫下：感謝這筆錢。不管你是否擁有這筆錢，都對自己有錢能支付帳單覺得感恩。

3. 找出你過去付清的十張帳單，在每張帳單的正面寫下魔法句：「**感謝你——付清。**」並對自己有錢能支付帳單這件事真正感覺到感恩。

4. 今晚就在你要入睡前，將你的魔法石握在手中，並對今天所發生過最美好的一件事說出魔法句「**感謝你**」。

Day 10
灑上魔法金粉

「沒有比報以感謝更緊急的工作了。」

聖安博（340-397）
神學家及天主教主教

　　古老的靈性教導告訴我們，我們全心付出給其他人的事物，會以百倍回報給我們。所以當你從另一個人身上收到任何禮物時，要心懷感恩，並說「**感謝你**」。這不只是迫切之舉，對改善你的人生也是重要的！

　　感恩是一股強而有力的能量，因此不管你對誰投射感恩的能量，那就是它會前往的地方。如果你認為感恩的能量看起來像閃閃發光的魔法金粉一樣，那麼當你因為從另一個人身上得到某物而報以感恩時，你就是用那樣的金粉灑在對方身上！魔法

金粉中的那股強而有力的正面能量，會觸及並影響到你灑在其
上的任何一個人。

　　不管是透過電話或電子郵件、工作上面對面、在商店、在餐
廳、電梯裡、公車或是火車上，以及很多的情況下，大部分的
人每天都要跟很多人接觸。而我們接觸的人值得我們感謝，因
為我們從他們身上得到某些東西。

　　思考一下你在一天當中遇到的人，例如商店或餐廳的工作人
員、公車或計程車司機、客服人員、清潔人員，或是你公司的
職員，他們提供你某種服務。那些提供服務的人「貢獻自己」
來服務你，而你「得到」他們的服務。如果你沒有反過來對他
們提供的服務說「感謝你」，那麼你就是沒有感恩，於是你會
阻擋美好的事物進入你的生命中。

　　想想那些維持我們的交通系統能運作安全的工作人員，還有
那些提供我們生活所需各種基本服務的人，例如電力、瓦斯、
水及馬路。

　　想想全世界的清潔人員，他們打掃街道、公共廁所、火車、
公車、飛機、醫院、餐廳、超市以及辦公大樓。你無法分別對
他們所有人說「感謝」，但是下次你經過清潔人員身邊時，可
以透過說「感謝你」，在他們身上灑下魔法金粉。而你下次坐

在乾淨的桌子前、走在乾淨的人行道上，或是經過一片擦亮的地板時，要記得感恩。

當你在咖啡店或是餐廳時，可以透過跟每一位服務你的人說「感謝你」來灑魔法金粉。不管對方是擦桌子、給你菜單、幫你點餐、幫你加水、上菜、收拾桌子、給你帳單，或是找你零錢，記得每次都要說「感謝你」。如果你在一家商店中或超市的結帳處，請對那個服務你，或是幫你打包採買物品的人灑魔法金粉，並說「謝謝」。

如果你坐飛機旅行，可以透過跟報到櫃台的人、安檢人員、登機時檢查你機票的人員，以及當你進入機艙時跟你打招呼的機組人員說「感謝」來灑金粉。在飛行中，每當機組人員為你服務時，就對他們說「謝謝」。幫你倒飲料、提供餐點，或是拿走你的餐盤或垃圾都是一種服務。航空公司感謝你搭乘他們的班機，機長感謝你，機上的人員也感謝你，所以你也要做一樣的事，並在離開飛機時感謝他們。而每一次當你起飛，以及降落在你的目的地時，都要說「謝謝」，因為你能飛行這個事實絕對是一種奇蹟！

感謝那些在工作上協助你的人，不管是辦事員、接待人員、餐廳員工、清潔人員、客服人員或任何一位工作同仁。請透過「感謝你」灑魔法金粉在全部的人身上！他們全都提供你服務，而且值得你持續報以感恩。

　　商店的店員和餐廳的服務生非常努力地服務別人。他們選擇了一份服務他人的工作，而替大眾服務表示會遇到帶著各種心情的人，包含那些不懂得感謝的人。當你下次接受其他人的服務時，要記得：服務你的那一個人，對其父母而言是寶貝女兒或兒子，對其手足來說是無法取代的兄弟或姊妹，對一個家庭和孩子而言是母親或父親，或者，是一個受人喜愛和尊崇的夥伴或朋友，所以他們值得你的仁慈和耐心。

　　有時候你會遇到服務你的人員對你非常粗魯，或是沒有提供你認為自己應得的注意。在這些狀況下還要感謝，更是有挑戰性。但是，你是否要付出感謝不能取決於另一個人的行為。不管面對什麼狀況，都要選擇感恩！不管怎樣，你都要選擇魔法！這種狀況可能會幫助你記得，你不知道和他或她接觸的那一個時間點上，對方是不是遭遇什麼困難。他們可能覺得不舒服，可能才剛失去所愛的人，可能才剛結束婚姻，或是可能正沮喪不已、正在他們人生的轉折點上。而你的感恩和仁慈可能是那天發生在他們身上最像魔法的事。

「仁慈一點，你遇到的每個人都正在打一場硬仗。」

亞歷山大的斐羅（西元前20-西元50）
哲學家

如果你在電話中感謝某人的幫忙，不要忘了說「**感謝你**」，且要給對方一個你「**為什麼**」感恩的理由。例如，「感謝你的幫忙。」「感謝你專程為我跑一趟。」「感謝你給我這麼多時間。」「感謝你為我解決這個狀況，我非常感謝你。」當你做這件簡單的事時，你會很驚訝於對方的反應，因為他們將會感受到你的**眞誠**。

當你親自對某人說「**感謝**」時，要看著他或她的臉。除非你直視對方，否則他們不會感受到你的感恩或接收到你的魔法金粉。如果你對著空氣說「**感謝你**」，或是在說「**感謝你**」時往下看，或是邊講手機邊說「**感謝你**」，你是在浪費可以幫助那個人、可以改變你自己人生的機會。因為當你那麼做時，你是不眞誠的。

好幾年前，我在一家商店裡買禮物給我的姊妹。為我服務的商店人員知道我要找的東西後，就開始尋找那完美的禮物，好像是要給她的姊妹一樣！當商店的人員遞給我那個包裝漂亮的完美禮物時，我接到了一通電話，而且快到商店的門口時，我才講完電話。突然間，一股不安的感覺席捲了我。我馬上回過頭去找那位幫我的店員。我不只感謝她，我還告訴她「**為什麼**」感謝她的所有原因，以及我有多麼感謝她為我做的每一件事。我讓她沉浸在感恩的魔法金粉中！她的眼睛充滿了淚水，臉上則洋溢著我見過最大的笑容。

每一個動作總是會有力量相等的反作用力。如果在說「感謝」時，你是認真的，那麼對方將會感覺得到。你將不只讓對方真的覺得很開心，而且你付出的感謝會讓你充滿無法言喻的快樂。那一天當我走出商店時，有種說不出的快樂。

我並不只將魔法金粉用在那些服務我的人身上，而是在各式各樣的情況中使用感恩的魔法金粉。當我的女兒要開車回她家，我跟她說再見時，我為她已經安全到家而覺得感恩，並且我在空中揮舞著手指頭，想像魔法金粉灑在她和她的車上。有時候，在開始一個新的專案時，我會把魔法金粉灑在電腦上。或者，在進去一家店找尋我需要的特定東西之前，我會在前方灑魔法金粉。我的女兒會在開車時使用魔法金粉，而且如果她發現另一個司機看起來似乎壓力很大且愈開愈快，她會為他灑金粉，讓他覺得好一點，且保持他的安全。

今天，為了那些服務你的人隨身帶著感恩的魔法金粉，並找尋你可以透過說「感謝你」在他身上灑金粉的每一個機會。今天至少感恩十個你從他們身上得到不同服務的人。如果你沒有機會當他們的面表達謝意也沒有關係，你可以在心裡感謝那些提供你服務的人，魔法金粉仍會觸碰得到他們。舉例來說，在心裡這樣告訴自己：

我真的很感謝那些在早上工作的清潔人員，他們確保街道每天都沒有垃圾。我從來沒真正想過，我有多麼的感謝那個每天像時鐘報時一樣準確發生的服務。感謝你。

要確定你有在計算提供你服務的人，這麼一來，你會知道自己已經感謝了十個提供不同服務的人，並在他們身上灑魔法金粉。如果你在感謝別人時想像閃閃發光的魔法金粉灑在對方身上，你會有一個清晰的畫面，看到透過感恩的力量，在無形的世界中真正發生了些什麼。在你的腦海中保存這個畫面，它將協助你相信並知道，感恩的魔法金粉真的能觸碰到人，而且它能夠幫助他們改變人生。而你每次在其他人身上灑魔法金粉時，它也會回到你自己身上。

如果你今天在家，請拿出筆和日記本，或是在你的電腦前坐下來，然後在腦海中回想那些用他們的方式提供你服務的人。它可能是在電話中的某人，或是決定幫你解決問題的商人。也許你從郵差、撿垃圾的人、資源回收的公司、或商店店員那得到很棒的服務。寫下提供你協助的十個服務，而且透過對每一個人說「感謝你」來灑魔法金粉。

魔法提醒

今天就閱讀明天的練習，因為你隔天一醒來後，第十一天的練習就開始了。

魔法練習10

灑上魔法金粉

1. 數算你的恩典：列出你接收到的十項恩典。寫下**爲什麼**你會感恩，然後重新去讀你的清單，對每一項恩典說「**感謝你、感謝你、感謝你**」，並對其感覺到感恩。

2. 今天，透過直接感謝或在心裡面表達感謝，在**十位**提供服務、你從他們那裡得到好處的人身上，灑魔法金粉，對他們所提供的服務表達感謝！

3. 今晚睡前，請在手中握著你的魔法石，並對今天所發生過**最美好的一件事**說出魔法句「**感謝你**」。

4. 今天先閱讀明天的練習，因爲第十一天的練習在你一醒來後就開始了。

Day 11

魔法般的早晨

> 「每天早上當你起床時，想想看能夠活著、思考、享
> 受、去愛，是多麼大的特權呀。」

馬可‧奧里略（121-180）

羅馬皇帝

要確保在接下來的一天中你會看到許多魔法，最容易、最簡單的方法，就是讓你的早晨充滿感恩。當你把感恩融入早上的例行性工作時，你將會一整天都感覺到且看到它魔法般的好處。

每天早上都充滿了可以付出感謝的機會，而且這樣做不會拖慢你的速度，或是多花你額外的時間，因為當你做每一件事都滿懷感恩時，你就可以做得很自然。一大早就充滿感恩還有個附加的好處：每天的例行性工作就是你最常因為負面思考而

傷害自己卻不自覺的時候，而當你的心思專注在找尋可以感恩的事時，就沒有空間思考那些有害的負面想法。做過這個練習後，你將會進入更快樂且更有自信的一天。接下來的一天會很棒——而且那就是你會看到魔法發生在你眼前的時候！

當你今天醒來迎接新的一天，在你走動、做每一件事之前，請說魔法句「**感謝你**」。對你還活著且多活了一天這個事實說「**感謝你**」。你的生命是一份禮物，每一天都是一份禮物。而當你深入思考之後，便很難理解為什麼有人會不對早上醒來後能迎接嶄新的一天心懷感恩。如果你認為新的一天沒什麼大不了，那麼就試著錯過一天看看！不管你有多想睡，不管你的鬧鐘有沒有叫你起床去工作，或者不管你週末是不是一直在睡覺，當你醒著的時刻，就要對你生命的另一天說魔法句「**謝謝你**」。

對你得到的一夜好眠說聲「**感謝**」。你很幸運能躺在一張床上，還有被子和枕頭嗎？感謝！當你的腳踩到地面上時，說聲「**感謝**」。你有浴室嗎？感謝！你每天早上都能打開水龍頭且馬上就有新鮮、乾淨的水可喝嗎？感謝！想想看，究竟有多少人在整個國家、整個城市，以及通往你家的所有街道上合力挖鑿溝渠、鋪設輸送管，才能讓你打開水龍頭就有清潔、乾淨的熱水可用。感謝！當你伸手去拿牙刷和牙膏時，感謝！沒有它們的話，你的一天將無法愉悅地開始！感謝有毛巾、肥皂、鏡

子和浴室中的每一件物品，讓你感覺清新、清醒，並準備好迎接一天的生活。

當你裝扮好時，想想看你是多麼幸運有衣服可以選、可以穿。感謝！想想看，你一天所穿的各種衣服，有多少人必須參與製造，那些衣服很可能來自全世界的許多國家。感謝每一個人！你有鞋子嗎？你真幸運！想像一下，如果生活中沒有鞋子會怎樣。**感謝鞋子！**

> 「我總是因為期待新的一天、新的嘗試、新的開始，也許在早晨的某處還有一些魔法在等待，而歡欣不已。」
>
> 普里斯特里（1894-1984）
> 作家及劇作家

透過專注地練習感恩，以及將魔法納進你早上的例行工作中，讓今天盡可能變得美好。從睜開眼睛的那一刻，到你穿上鞋子或是完成準備，都在心裡對你觸摸到及使用的每一件東西說魔法句「**感謝你**」。如果你早上做的第一件事不是淋浴或穿衣服也沒有關係，你仍然可以用這個「魔法般的早晨」練習作為指引，並將其應用至你早上的任何一個例行工作上。如果你醒來後先吃早餐，那麼每當你觸摸到和使用任何一件東西時，都要說魔法句「**感謝你**」。對你早上的咖啡、茶、果汁或早餐

表達感謝之意，因為它們讓你的早晨充滿喜悅，而且提供給你一天的能量。對你用來做早餐的廚房用具感恩，例如冰箱、電磁爐、烤箱、烤麵包機、咖啡機、或是水壺。

　　我的每一天早晨都充滿感謝，毫無例外。當我一隻腳踩到地上時，我說「感謝」；當我另一隻腳也踏到地上時，我說「你」。這麼一來，每天當兩隻腳一碰到地面時，我已經說了「感謝你」三個字。走向浴室時，我每一步都在腦海中說魔法句「感謝你」。接著，當我觸摸到和使用浴室中的每一件物品時，依然持續在腦海中說「感謝你」。於是，在我穿好衣服、準備迎接一天以前，我已經快樂到可以跳起來。而當我覺得那麼快樂時，我便知道我的感恩有用，而且我確定會擁有魔法般的一天。當我度過一整天時，我真的感覺到似乎有一股魔法般的力量，因為美好的事物一件接著一件發生。而每當發生一件美好的事，我會更感恩，於是這甚至加速了魔法，讓更多美好的事發生。你還記得每一件事對你來說似乎都很順利的那些日子嗎？嗯，做完「魔法般的早晨」練習就會像那樣，只不過效果會加倍！

魔法練習11

魔法般的早晨

1. 當你醒來迎接新的一天、在你去做任何一件事之前,說出魔法句「感謝你」。

2. 從你睜開眼睛的那一刻,到你完全準備好為止,在你心裡對觸摸到及使用到的每件東西說出魔法句「感謝你」。

3. 數算你的恩典:列出你接收到的十項恩典。寫下為什麼你會感恩,然後重新去讀你的清單,對每一項恩典說「感謝你、感謝你、感謝你」,並對其感覺到感恩。

4. 今晚睡前,手中握著你的魔法石,並對今天所發生過最美好的一件事說出魔法句「感謝你」。

Day 12

曾影響你生命的神奇之人

「有時候我們內心的火焰熄滅了，而另外一個人提供
的火花讓它重新點燃。對於那些能夠重新點燃我們心
靈之火的人，我們將會永遠感激。」

史懷哲（1875-1965）
諾貝爾和平獎得主、醫療傳教士及哲學家

　　一生之中，我們每一個人都曾在自己最需要的時候接受過其
他人的幫助、支持或是指引。有時候透過另一個人的鼓勵、指
引，或者他只是出現在對的時間，就能改變我們人生的軌道。
而生命繼續往前走，我們似乎忘記了那些時刻——那些有人觸
動我們，或是改變我們人生的時刻。甚至有時候當你回頭看你
的人生，你才了解到，自己的人生之所以像魔法般變得更美
好，有一個人是關鍵，而你是到後來才知道那個人對你的影
響。

　　這個人可能是老師或是教練、叔叔或是阿姨、手足、祖父母、或任何家庭成員；可能是醫生、護士，或是你最好的朋友；可能是介紹你跟目前的夥伴認識的人，或是介紹你接觸某個興趣、讓你投注許多熱情的人；甚至可能是你不認識的人，而且出現在你生命中的時間非常短暫，但他們無意中展現出善意且觸動到你心坎的行為。

　　我的祖母讓我喜愛看書、下廚，以及喜歡鄉下。透過和我分享對那些事情的喜愛，她影響和改變了我人生的軌道。下廚成為我的熱愛超過二十年，我對書的喜愛最後讓我成為一個作者，而我對鄉下的喜愛也影響到我這一生所住的地方。

　　我的祖母也嚴厲地教育我要說「感謝你」。那時我以為她只是教我要有禮貌，後來我才了解到，教我說魔法句是祖母給過我最好的禮物。她現在已經不在世上了，但是我持續感謝她對我的人生軌道產生這麼大的影響。感謝您，祖母！

　　今天，你將要好好想想那些曾經影響你生命的神奇之人。在今天的某個時段，找一個安靜的地方獨自坐下來，並且想出三個讓你的人生有所不同的特殊人物。一旦你找出三個人，請大聲地分別對每一個人說謝謝，告訴他或她為什麼你要感謝他們，以及他們是如何影響你的人生軌道，彷彿他們在場一樣。

　　要確認你在一整個時段中對這三個人都有做過這個魔法練習，因為它會將你感恩的感覺帶進一個更深的層次。如果你在一天中分開做這個魔法練習，你將無法感受到同樣的深度，也不會得到魔法般的結果。

　　這裡有一個例子可供你參考：

　　莎拉，我想要感謝你那段時間鼓勵我去追隨我的熱情。那時我迷失而且很困惑，而你的話觸動到我，讓我從沮喪中走出來。因為你說的話，我找到了跟隨我的夢想的勇氣，並且搬到法國擔任實習廚師。我正在實現我的夢想，沒有比現在更快樂的時候了。這一切都是因為你那時對我說的話。感謝你，莎拉！

　　說出你感恩的原因非常重要，而且不嫌多。相反的，你說得愈多、感受到的愈多，結果愈令人驚奇。從做這個練習開始，你將看到魔法像爆炸般進入你的人生；它是你曾經展現過最強有力的感恩行動。

　　如果你所在的地方不能大聲說出感恩的話語，那麼你可以把對每個人的感恩之情寫下來，就像在寫信給他們一樣。

　　當你完成這個練習時，你將感覺到和過去有很大的不同。感恩的力量發揮作用的第一個、而且是最重要的證明就是，讓你**變得快樂**！第二個證明是，你會吸引到美好的事物。而這似乎還不夠，在練習感恩後，你感覺到的快樂也會吸引更多美好的事物，甚至讓你變得更快樂。那就是人生的魔法，就是感恩的魔力！

魔法練習12

曾影響你生命的神奇之人

1. 數算你的恩典：列出你接收到的十項恩典。寫下**為什麼**你會感恩，然後重新去讀你的清單，對每一項恩典說「感謝、感謝、感謝」，並對其感覺到感恩。

2. 今天當中，找一個安靜的地方獨處一段時間，並列出三**個讓**你的人生有所不同的人。

3. 一次針對一個人練習，並大聲地告訴每一個人說為什麼你會感激他們，以及他們如何影響你的人生軌道。

4. 今晚睡前，請在手中握著你的魔法石，並對今天所發生過最美好的一件事說出魔法句「感謝你」。

Day 13
讓你所有的夢想成眞

「想像力是眞正的魔毯。」

諾曼・文森・皮爾（1898-1993）
作家

　　如果你每一天都做魔法練習，透過感謝你已經得到並持續在人生中接收到的每樣東西，你現在已經打造了一個驚人的基礎。但今天是令人興奮的一天，因爲你將開始使用感恩的魔力來實現你的夢想和渴望！

　　幾個世紀以來，數以百計的原住民文化傳統都會在得到他們想要的東西之前就先感謝。他們創造出繁複的儀式，盡可能地注入他們的能量來給予感恩。埃及人從遠古時期開始就歡慶尼羅河的氾濫，以確保河水源源不斷；美國印第安人和澳洲原住民會表演祈雨舞；許多非洲部落民族在要打獵前，會爲他們的

食物舉行儀式；而在每個文化及宗教中，禱告的本質都是在獲得所渴望的東西*之前*先給予感恩。

　　吸引力法則說同類相吸，代表你必須先在心裡形成一個你想要的東西之樣貌或意象。接下來，如果要把自己所渴望的東西吸引過來，你必須感覺到那樣東西似乎就是你的，這麼一來，你的感覺也會像是你已經擁有自己想要的東西時的感覺一樣。要做到那樣，最簡單的方式是去感謝你想要的東西——在你得到它*之前*。如果你以前從來沒想過利用感恩來得到你想要的東西的話，你現在已經發現它的另一個魔力了。《聖經》裡的這段話也確實地承諾：

　　「凡有感恩的，還要加給他，叫他有餘；凡沒有感恩的，連他所有的，也要奪去。」

　　感恩是在你能獲得事物之前一定要先做的事，而不是在某件美好的事發生後才去做。大多數人是在得到某件美好的事物*之後*才感謝，但是要讓你所有的夢想成真，並讓各領域都變得富足，以改變你的整個人生，你在事前及事後都一定要感恩。

　　透過*事先*真誠地感謝你已經得到自己所渴望的事物，你馬上在腦海中形成一個你已經擁有它的畫面，感覺到彷彿你已經擁有它了，那麼你就完成了你的部分。如果你持續看著那個畫面，並保有那份感覺，你將會像魔法般實現你的渴望。你不

會知道你將如何得到它，而且知道方法不是你的責任。當你走路時，你不用試著去了解重力是如何讓你保持在地面上的，是吧？你相信而且知道當你去散步時，重力法則會讓你穩穩地站在地面上。相同的，你必須相信而且知道，當你對想要的一切表達感恩之情時，它們將會像魔法般往你的方向移動，因爲這是宇宙法則。

你現在最想要的是什麼？

這本書的一開始，我就要你弄清楚你在人生的各領域裡想要的是什麼。（如果你之前還沒做這件事，現在先做。）現在請回到你列出來的清單，並從中選出你的前十項渴望來做這個練習。你可以從人生的不同的領域中選出十項渴望，例如金錢、健康、家庭，以及人際關係。或者，你想從一個你非常想要有所改變的領域中選出十項渴望，例如工作或成功。你必須非常清楚且明確地知道你最想要的東西是什麼，如此一來，你就可以看到因爲這個練習而發生的神奇變化。想像你正在爲你的前十項渴望跟宇宙下魔法訂單，因爲事實上，透過使用吸引力法則，那就是你正在做的事。

在電腦前坐下來、或拿出筆和日記本，然後按照下面的方式列出你的前十大渴望，就像你已經得到它們一樣：

感謝、感謝、感謝＿＿＿＿＿＿＿。在空白處填入你的渴望，彷彿你已經得到一樣。例如：

感謝、感謝、感謝我考試得高分，讓我進入我想念的大學！

感謝、感謝、感謝聽到我們有了寶寶這個好消息！

感謝、感謝、感謝我們有了夢想中的房子，裡面有我們想要的一切！

感謝、感謝、感謝和爸爸的這一通電話，神奇地改善了我們的關係！

感謝、感謝、感謝醫院的報告顯示說我沒事了，而且重新獲得健康！

感謝、感謝、感謝我收到這筆沒有預期會得到的金錢，這正好是我去歐洲旅遊所需的費用！

感謝、感謝、感謝我們這個月的銷售額加倍！

感謝、感謝、感謝這個讓我們贏得最大客戶的點子！

感謝、感謝、感謝我的最佳搭檔！

感謝、感謝、感謝我們這次的行動如此容易且不費力！

連續寫三次感謝非常強而有力，因為可以避免你忘掉這幾個字，並加強你對於感恩的專注力。說三次「感謝」也是一個魔法方程式，因為「三」是宇宙中所有關於創造新事物的數字。舉例來說，需要一個男人和一個女人才能生出一個寶寶——男人、女人和寶寶共三個，才能完成新的創造。三的法則也同樣適用於宇宙中的每一項創造，包含創造你的渴望。當你連續說三次「感謝」時，你就是在運用創造的魔法數字，以及一個祕密的魔法方程式！

「讓你所有的夢想成真」的第二步，包含了用更多的感恩填滿你的渴望。你可以在今天的任何時間完成第二步驟，不管是在你列出你的前十項渴望的同時，或是在一天中陸陸續續地完成。

為了用感恩的魔力來填滿你的每一份渴望，請從你清單上的第一個渴望開始，並在腦海中運用你的想像力回答下面的問題，彷彿你已經實現了你的渴望一樣：

1. 得到渴望的事物時，你有什麼樣的感受？

2. 得到渴望的事物時，你第一個告訴誰？你又是如何告訴他們的？

3. 得到渴望的事物時，你做的第一件事是什麼？盡可能在你的腦海中描繪得愈詳細愈好。

最後，把每一項渴望都讀一遍，而且要確實地強調魔法句「**感謝**」，這樣你才可以盡可能地感受到它們。

接著來到你清單上的第二項渴望，依此類推，直到十項渴望都做完為止。在每項渴望上至少要花一分鐘。

如果你想要做某件真的強而有力且好玩的事，也可以創造一個「魔法板」，在上面貼上你渴望的事物的圖片。剪下圖片、把它們貼到板子上，並放在你可以時常看到的地方。請把魔法句「**感謝、感謝、感謝**」用大大的粗體字寫下來，貼在你的魔法板上當標題。你也可以利用冰箱作為你的魔法板。如果你有家庭，可以把創造魔法板當成全家人共同進行的計畫，因為孩子們會很喜愛它！想像你的魔法板真的有魔力，而且不管你貼在板子上的是什麼東西，它都能馬上朝你的方向移動；你持續對它感恩，它就一路被吸引進入你的人生之中。

魔法練習13

讓你所有的夢想成真

1. 數算你的恩典：列出你所接收到的十項恩典。寫下**為什麼**你會感恩，然後重新去讀你的清單，對每一項恩典說「**感謝你、感謝你、感謝你**」，並對其感覺到感恩。

2. 坐下來用電腦，或是用筆和日記本列出你的前十項渴望。在每一個渴望前面寫三次「**感謝**」，像是你已經**實現願望了**一樣。例如：**感謝、感謝、感謝**＿＿＿*你的渴望*＿＿＿。

3. 運用你的想像力，像是你已經實現了那十項渴望一樣地在腦海中回答下面問題：

   1. 得到渴望的事物時，你有什麼樣的感受？

   2. 得到渴望的事物時，你第一個告訴誰？你又是如何告訴他們的？

   3. 得到渴望的事物時，你做的第一件事是什麼？盡可能在你的腦海中描繪得愈詳細愈好。

4. 最後，重新讀一遍你所列出的渴望，並確實強調魔法句「感謝你」，這樣你才可以盡可能地感受到它們。

5. 如果你喜歡，可以創造一個「魔法板」。把你想要的事物的圖片剪下來，貼在你的魔法板上，並把它放在你可以常看到的地方。在板子的最上面用大寫粗體字寫下「**感謝、感謝、感謝**」這個標題。

6. 今晚睡前，請在手中握著你的魔法石，並對今天所發生過最美好的一件事說出魔法句「感謝你」。

Day 14
擁有魔法般的一天

「意念化爲文字，展現出神奇的力量。」

狄巴克，喬布拉（生於1946年）

醫生及作家

　　要看到並體驗你生命中最充滿魔法的一天，你可以在活過這一天之前就感恩它。爲了「擁有魔法般的一天」，你只要先把一整天的計畫都想一遍，然後在過這一天之前對每一件順利進行的事說出魔法句「感謝你」。這是最容易做的事，只要花你幾分鐘的時間，但是對你的一天所產生的影響是很不可思議的。根據吸引力法則，事先感謝你的一天，就能創造出魔法般的一天。當你對一天中進行順利的事「付出」感謝時，你一定會「得到」順利進行的經驗！

　　如果你不相信你有力量可以影響一天的狀況到這種程度，想想看當你醒來後脾氣暴躁或是心情不好的時候：你開始一天的生活，而事情一件接著一件出錯，直到一天結束前，你大叫這一天真是衰透了──似乎有這麼衰的一天是個意外。嗯，你今天過得不順利的唯一原因，就是你還帶著早上的壞心情，而正是你的壞心情導致事情一件接著一件出問題。

　　甚至當你醒來時心情不好也不是偶然的，因為那代表你入睡時正思考著某件負面的事，也許只是你自己不知道而已。這就是為什麼要把「魔法石」練習當作前一晚睡前做的最後一件事，這樣就能確保你會帶著好的想法入睡。晚上的「魔法石」和早上「數算你的恩典」兩個練習能在每天早晚為你設定好心情，而且它們保證你在進入一天的生活之前就能感覺美好。

　　為了擁有魔法般的一天，你需要感覺美好。我不知道除了感恩外，還有什麼其他方式能保證讓你馬上擁有美好的心情。

　　不管你今天一整天有些什麼計畫──旅遊、會議、工作計畫、午餐、鍛鍊身體、拿衣服去乾洗、運動、看電影、和朋友見面、做瑜伽、打掃房子、去學校，或是買雜貨──透過你在過這一天之前就對每件進行順利的事說出魔法句「感謝你」，來把今天轉換成魔法般的一天！如果你是一個每天都會列出待辦事項的人，那麼你可以瀏覽你的待辦清單，然後感謝每一件事都進行得很順利。不管你是在腦海中或是在紙上做這個魔法

練習，最重要的是，你會感覺到每一個計畫或活動的成果都是它所能擁有「**最好**」的結果。

　　當你事先利用感恩以擁有魔法般的一天，在沒有預期到的問題或是困難出現前，就能將其消除掉。你愈使用這個魔法練習，你的日子就會變得愈好，而且你人生中的每一件事，從最小的事到最重要的事，都會進行得很順利。顛簸的日子變得平穩，令你挫折或困擾的事不會發生，你的日子開始產生魔法之流，而且事情似乎神奇地照著你的期望發展，你愈來愈不必費力、不須擔心、不用緊張，而且有了更多的喜悅。

　　開始使用感恩來擁有魔法般的一天時，我選擇事先對一天當中我不是很樂意去做的事付出感謝，其中之一就是去超級市場。一天開始時，我就先說這個魔法句：「感謝去超級市場這一趟路輕鬆又充滿喜悅。」我不知道去超市要如何才能輕鬆又喜悅，但是我盡可能對那樣的結果感受到許多的感恩之情。

　　感謝的魔力所帶來的結果是，我就在超市門外找到停車位。接著我遇到兩位朋友，其中一位我很久沒見到面了，我們就在購物完後一起吃午餐。我遇到的第二個朋友則介紹給我一個很棒而且要價不貴的清潔人員，我一直想找一個這樣的人。另外，當我在購物時，不管看向哪裡，我所需要的東西就會神奇地出現在我的眼前，而且都有庫存、都在促銷。當我在破紀錄的時間內買完東西、正要去結帳台時，一條新的結帳通道開

了，我便依指示到新的通道。當結帳人員把我買的東西的價錢一一鍵入收銀機時，她突然問我：「你需要電池嗎？」剛好是我忘了買的東西！我這趟超市之旅出奇輕鬆且充滿喜悅——簡直是太神奇了！

早上只須花幾分鐘的時間感恩，透過事先感謝一天中即將發生的事，就能擁有魔法般的一天。單單只有這一個練習就能改變你的一天所展現的樣貌。

為了擁有魔法般的一天，當你醒來迎接一天的生活時，不管是在離開床之前，或是在淋浴、穿衣服的時候，請先把一天的計畫都想一遍，而且要對進行得非常順利的每一件事情表示感謝。確保你是在一天的開始做這個魔法練習，而且一次做完。在心裡把早上、下午、晚上到睡前的計畫依序想過一遍。對每一個計畫或事件說魔法句，而且想像你在一天結束後說「感謝你」。因為進行得非常順利，所以你非常感恩。

若你喜歡，你可以使用很多驚嘆號來幫助你感覺到更多的感恩。「感謝這個超級成功的會議！」「感謝這通電話所帶來的神奇結果！」「感謝這是我工作以來最棒的一天！」「感謝這場刺激的運動比賽！」「感謝這不費力而且有趣的打掃日！」「感謝今晚外出和朋友度過美好時光！」「感謝旅遊的放鬆日！」「感謝我的運動時段所帶來的神奇能量！」「感謝我們這次超棒的家庭聚會！」

　　如果你可以對每一個經驗大聲說出魔法句「**感謝**」，這個魔法練習會更強而有力。但是如果你所在的位置無法讓人大聲說話，那麼在你的心裡說也可以。

　　對你一天當中的每一個任務及事件使用感恩的魔力之後，請說「感謝今天的這些好消息！」來結束你的練習。每一天早上，當我使用感恩來擁有魔法般的一天後，我一定會對那天的好消息表達感謝。結果是，我這輩子從來沒有收過這麼多好消息。一週接著一週、一天接著一天，好消息不斷湧入！每當我又接到一個好消息時，我都特別感恩而且興奮，因為我知道那是我使用感恩的魔力所帶來的，於是，更多好消息繼續湧進來。如果你想要得到比之前更多的好消息，那麼只要跟隨我的腳步即可。

魔法練習14

擁有魔法般的一天

1. 數算你的恩典：列出你接收到的十項恩典。寫下**爲什麼**你會感恩，然後重新去讀你的清單，對每一項恩典說「**感謝你、感謝你、感謝你**」，並對其感覺到感恩。

2. 早上先在腦海中想一下白天、晚上直到睡前要做的計畫，而且因爲每一個計畫或事件都進行得非常順利，所以對其說出魔法句「**感謝**」。想像你在一天結束後說「**感謝**」，而且因爲一切都進行得非常完美，所以你非常地感恩。

3. 在你感謝完一天當中都完美進行的計畫後，用以下這句話來結束這個魔法練習：**感謝今天的這些好消息！**

4. 今晚睡前，請在手中握著你的魔法石，並對今天所發生過最美好的一件事說出魔法句「**感謝你**」。

Day 15
魔法般的療癒關係

如果你有一段困難或破裂的關係、正在經歷心碎，或是對對方的任何一件事都懷有憤恨或責備，你可以透過感謝來改變它。感謝將會魔法般地改善任何困難的關係，不管對方是丈夫或太太、兄弟姊妹、兒女、夥伴、老闆、客戶、同事、岳父母或公婆、父母、朋友或鄰居。

當我們面對困難的關係，或一段關係出現挑戰時，我們幾乎都不會去感謝對方，反而忙著責怪他或她所造成的問題，而那代表著我們沒有感恩。責備絕對不會讓關係變得更好，也絕對不會讓你的人生變得更好。事實上，你愈是責備，你們的關係會愈糟，你的人生也是。

不管是目前的關係或是過去的關係，如果你心裡對對方有不好的感覺，只要練習感恩，將會減少那些感覺。為什麼要把不好的感覺從另一個人身上移開呢？

> 「持怒就像握著一把要丟向他人的熱煤炭，被燙傷的
> 人反而是你。」

　　　　　佛陀（西元前563-483）

　　對對方有不好的感覺會燒毀你的人生，但是感恩可以消除它們！

　　舉例來說，如果你的前伴侶是透過你們的孩子跟你維持關係，但你們的關係不是很好，那麼只要看看孩子的臉，你就會了解到，如果沒有你的前伴侶，就沒有你們的孩子。你孩子的生命是你擁有的最珍貴的禮物之一。所以，請看著你的孩子們，然後每一天感謝你的前伴侶，因為他／她賦予了孩子生命！而除了為這段關係帶來平靜與和諧之外，透過你的例子，你也將教導你的孩子們人生中最棒的工具——感恩。

　　或者，如果你正因為一段關係結束而心碎或是悲傷，可以使用感恩的魔力來轉化痛苦。感恩可以像魔法般將情感上的痛苦轉換成療癒和快樂，且速度比其他方式來得快。我父母的故事就是那個完美的例子。

　　我的父母幾乎是一見鍾情。從兩人相遇的那一刻開始，他們真的很感恩能在一起，而且他們的婚姻是我所見過最美滿的。

　　當我父親過世時，可以理解母親經歷了巨大的傷痛。幾個月的傷痛過後，她開始使用感恩的魔力，而且儘管承受巨大的悲傷和痛苦，她仍在努力找尋可以感恩的事物。她感謝過去幾十年來和我父親在一起時所感受到的美好與快樂。接著，她踏出很大的一步，去尋找未來可以感恩的事情，也一件接著一件地找出來了。她發現或記起那些父親在世時她總是想做但沒有時間做的事。透過這個勇敢的感恩步驟，實現她夢想的機會像魔法般湧入，而她的人生也因為快樂而再次變得富足。感恩的魔力給了我母親一個全新的人生。

　　在今天的魔法練習中，你要去尋找燙傷你人生的熱煤炭，並透過感恩確實將它轉化成黃金！選擇一段你想改善的、有困難的、有問題或破碎的關係，至於對方目前是還在你的生命中，或者那是過去的一段關係，且那個人已經不在你的生命中，也都無所謂。

　　接著，請寫出對方讓你感恩的十件事。回過頭想想這段關係，然後列出那個人身上美好的事情，或是你從那段關係中得到的美好事物。做這件事最容易的方式是：回頭想想兩人的關係惡化或結束前是什麼樣子。如果你們的關係從來沒有好過，那麼努力地想想對方身上的任何美好特質，因為一定就在那裡。

這個魔法練習無關乎誰對誰錯。不管你覺得某人對你做了什麼事、不管某人說了什麼話或是沒有做什麼事，你可以像魔法般療癒這段關係，而且你不需要透過對方才能療癒它。

每一段關係中都藏有黃金，甚至最困難的關係也是。而為了把富足帶進你所有的關係和你的人生中，你必須找出黃金。當你挖掘而且發現金塊時，寫下來，也寫下對方的名字，然後帶著感恩來表達：

　　　　人名　　　　，我感謝你　　　什麼事？　　　。

1. 保羅，我感恩我們相聚的時光。當我們的婚姻結束時，我學習到很多。現在的我比過去更明智，也把從我們的婚姻當中學到的應用在現在許多關係上。

2. 保羅，我感謝你試圖去做能使我們的婚姻走下去的每一件事，因為十年的婚姻代表你的確努力過。

3. 保羅，我為了我們的孩子感謝你。如果沒有你，我無法每天從他們身上得到喜悅。

4. 保羅，我感謝你，當我在家照顧孩子時，你為了支撐我們的家庭，非常努力且花了很長的時間工作。我們所有的人都依靠你，這是一個很大的責任，所以感謝你。

5. 保羅，我為了在孩子的長大過程中與他們相處的時光而感謝你。我可以看到我們的孩子第一次講話和走路，而我知道你沒有那個機會。

6. 保羅，我感恩當我經歷悲傷和失去時，你對我的支持。

7. 保羅，我感謝當我生病時，你盡全力照顧我和孩子。

8. 保羅，我感謝我們有過的美好時光，而我們確實有過很多美好時光。

9. 保羅，我感謝你想要一直當孩子的父親。

10. 保羅，我感謝你的支持，也感謝你想要花時間在我們的孩子身上。我知道，他們對你我而言一樣重要。

　　當你列完對方讓你感恩的十件事情時，你對那個人和這段關係的感覺應該會好很多。你希望達到的最終目標是你對那個人不再有任何不好的感覺，因為會被那些感覺傷到的是你的人生。每一段關係的狀況都不同，如果有需要，你也許會選擇重複做這個魔法練習幾天，直到你對那個人不再有任何不好的感覺為止。

如果你使用感恩的魔力來改善目前的某段關係，你將在眼前看到這段關係開始奇蹟似地改變。透過感恩，只需要一個人就能像魔法般改變一段關係，但是能在自己的人生中得到益處的，就是那個感恩的人。

如果你選擇改善一段過去的關係（你跟對方已不再有任何的接觸），你將感覺到滿滿的平靜和喜樂，而且會同時看到你目前的其他關係神奇地改善。

未來如果有任何一段關係變得充滿挑戰，記得要馬上使用這個魔法練習。那麼，你將在事情變得更困難之前就讓它不再惡化，然後反而為這段關係增添了魔法！

魔法練習15

魔法般的療癒關係

1. 數算你的恩典：列出十項你接收到的恩典。寫下**為什麼**你會感恩，然後重新去讀你的清單，對每一項恩典說「**感謝你、感謝你、感謝你**」，並對其感覺到感恩。

2. 選擇你想改善的一**段**關係，那段關係可能充滿困難、出現問題，或是破裂了。

3. 坐下來列清單。用下面的方式寫下對方讓你感謝的**十件事**：
   　　　人名　　　，我感謝你　　　什麼事？　　　　。

4. 今晚睡前，請在手中握著你的魔法石，並對今天所發生過最美好的一件事說出魔法句「**感謝你**」。

健康裡的魔法與奇蹟

「奇蹟並不違反本質，只違反了我們對自然的了解。」

聖奧古斯丁（354-430）
神學家及天主教主教

我們大部分時間都應該覺得身體健康、充滿能量而且很快樂，因為我們與生俱來的全然的健康就是那種感覺。然而事實上，很多人並沒有常常感覺到這樣。很多人正面對疾病和身體運作狀況的問題，或是為沮喪以及其他心理問題所苦，這些全都是缺乏健康的狀態。

能讓你最快像魔法般開始體驗你本來就該擁有的身體和心理上的全然健康狀態，方法之一就是感恩。我們看到的那些療癒奇蹟，都只是人體立刻恢復原有的全然健康的結果，在那之前，人體只有不完整和不完美的健康。如果你不認為感恩能

在你的健康和身體上創造奇蹟，那麼從《祕密》網站（www.
thesecret.tv/stories）上數以千計的故事中挑幾篇出來讀就會明
白了。

如同數不清的研究顯示，感恩的魔力為心智和身體增加了健
康的自然之流，而且可以讓你的身體療癒得更快。感恩的魔力
同時也可以和好的身體保健方式、營養品以及任何的醫療協助
一起發揮作用。

當你的身體有某種疾病或出現某種狀況時，可以理解你對它
可能有負面的感覺，像是擔心、挫折、或恐懼。但對疾病有負
面的感覺並不會讓健康恢復；事實上，它有反效果——更加減
損你的健康。為了改善健康，你需要用美好的感覺取代負面的
感覺，而感恩是最簡單的方式。

很多人還會對自己的長相有批判的想法和不滿的感覺。不幸
的是，那些想法和感覺也會降低健康的魔法之流。當你不喜歡
身體的某個部位，你就沒有對身體感恩。想想看，經由吸引力
法則，抱怨你的身體就會帶來更多可以抱怨的問題，也因此，
抱怨你的身體或長相會讓你的健康承受風險。

「凡（對他們的健康和身體）沒有感恩的，連他所有的，也
要奪去。」

「凡（對他們的健康和身體）有感恩的，還要加給他，叫他有餘。」

你現在也許生病或覺得不舒服，甚至很痛苦，但如果你讀到這些文字，你正得到一份健康的禮物。當生病或痛苦時，要想產生感恩的感覺是非常困難的，但即使是最小的感恩之情，都能幫助身體產生健康的魔法之流。

今天的練習——「健康裡的魔法與奇蹟」——是設計來大幅增加你的健康和快樂的，而且我們將採取一種包含三個步驟的方式來加速結果產生。

步驟一：對你已經獲得的健康感恩（過去）

想想看你從孩童時期、青少年時期，以及成人時期所得到的良好健康，回想一下當你覺得充滿活力、覺得快樂的那些時候。請憶起三段當你覺得像是站在世界頂端的不同時光，說魔法句「感謝你」，並且對那些時光由衷地感到感恩。如果去回想人生中的重大時刻，你將能非常容易地想出三段不同的時光。

步驟二：對你正在接收的健康感恩（現在）

今天請想一下你持續得到的健康，向每一個目前在你的體內運作良好的器官、系統以及感官表達謝意。想想你的手臂、腿、手、眼睛、耳朵、肝、腎、腦或心臟。選出你身體內五項運作良好的功能，然後在心裡一一對它們說出魔法句「感謝你」。

步驟三：對你想要的健康感恩（未來）

請挑選一個你想改善的身體部位來進行今天的魔法練習，但你將用一種非常特別的方式來對這個部位使用感恩的魔力。請想著你想得到的理想狀態，而當你對任何事物的理想狀態付出感謝時，你就已經啟動動能，去得到那個理想狀態。

當一個人被診斷出罹患某種疾病時，他們通常不只會常常談論它，而且會研究這個病症，蒐集它可能惡化的症狀及可怕結果的相關資訊。換句話說，他們對這個疾病投入完全的注意力。然而，吸引力法則告訴我們，把注意力放在問題上並無法使問題消失，因為專注在問題上只會讓問題更嚴重。相反的，我們應該把焦點放在身體不舒服之處的理想狀態，並運用自己的想法和感覺去達到。對身體任何部位的理想狀態表達感恩，

能有效運用我們的想法和感覺，因此，我們可以將理解狀態吸引到我們身上——而且只要一下子！

　　花一分鐘想像一下你的身體已經擁有你想要的理想狀態。而當你在心裡看到你的身體是你想要的那樣時，請給予感謝，彷彿你已經接收到那個理想狀態了。

　　所以，如果你希望像魔法般地讓你的腎臟恢復健康，就感謝強壯且健康的腎臟，因爲它可以過濾和篩選你身體中的廢棄物。如果你想要像魔法般讓你的血液回復健康，就感恩乾淨和健康的血，因爲它輸送氧氣和養分至你身體各部位。如果你希望魔法般地讓心臟恢復健康，就對強壯且健康的心臟給予感謝，因爲它能維持你體內的每一個器官運作正常。

　　如果你想要魔法般地改善你的視力，那麼對完美的視力給予感謝。如果你想改善你的聽力，那麼對完美的聽力付出感謝。如果你希望身體更靈活，那麼對靈活而敏捷的身體表示感謝。如果你想改變你的體重，首先思考一下你想要的理想體重，接著想像自己達到了那個理想的體重，並給予感謝，彷彿你現在的體重已經是那樣了。

　　不管你想要改善的是什麼，首先要想像自己處在理想的狀態，接著要感謝那個理想狀態，彷彿你現在已經達到了。

「我們內在的自然力量，才是疾病真正的醫治者。」

希波克拉底斯（約西元前460-370）

西方醫學之父

　　如果有需要，你可以每天做這個「健康裡的魔法與奇蹟」練習。而且如果你真的很希望像魔法般加速恢復至完全健康，或希望你身體的某部位加速改善，可以一天做很多次練習。但重要的是，每當你對目前的身體或是健康有負面的想法或是感覺時，都請透過想像自己處於你想要的理想狀態，以及透過由衷地感恩，彷彿你已達到那個理想狀態，來立即取代掉那些負面的想法或感覺。

　　除了實際去照顧自己的健康之外，保障健康最有效的方式，就是持續地感恩自己的健康。

魔法練習16

健康裡的魔法與奇蹟

1. 數算你的恩典：列出你接收到的十項恩典。寫下**為什麼**你會感恩。重新去讀你的清單，對每一項恩典說「**感謝你、感謝你、感謝你**」，並對其感覺到感恩。

2. 回想一生中你覺得像是站在世界頂端的**三段**不同的時光，並對那些時光表達真摯的感恩。

3. 思考一下你身體中運作正常的**五個**功能，並依序對每個功能表達感謝。

4. 選擇你在身體或健康方面想改善的一件事，並花一分鐘想像自己擁有理想的身體或健康狀態。接下來，對這個理想的狀態表達感謝。

5. 今晚睡前，請在手中握著你的魔法石，並對今天所發生過最美好的一件事說出魔法句「**感謝你**」。

Day 17

魔法支票

「在這個充滿魔法的宇宙裡，沒有什麼巧合與意外。
除非有人希望它發生，不然一件事情不會發生。」

威廉‧布洛斯（1914-1997）
作家及詩人

當你將感恩的魔力使用在任何負面情況時，一個新的情況
就會被創造出來，然後去除掉舊的狀況。那代表當你讓自己
進入一個對金錢充滿感恩的狀態、而不是覺得缺錢時，一個
新的情況就會產生──錢不夠用的狀況會減少，而如魔法般
取而代之的是擁有更多的錢。

所有關於錢的不好的感覺會讓你遠離金錢，並減少你生
命中的錢。所以，每當你對金錢有不好的感覺時，你的錢
就又減少了一點。如果你對金錢有嫉妒、失望、擔憂或恐

懼之類的感覺，便無法得到更多的金錢。吸引力法則說同
類相吸，所以如果你對沒有足夠的錢感到失望，你將會吸
引到更多錢不夠用、讓你失望的情況；如果你擔心錢，你
將吸引到更多讓你擔心錢的情況；如果你對自己的金錢狀
態感到恐懼，那麼你一定會吸引到更多讓你繼續對金錢狀
態覺得恐懼的情況。

　　不管多麼困難，你必須忽略目前的狀況，以及也許正在經
歷的金錢匱乏狀態，而感恩是確保你能做到的方式。你無法
在感恩金錢的同時，又對金錢感到失望；你無法對金錢有感
恩的想法，同時又有擔心它的想法；你也無法在感恩金錢的
同時，對金錢又感到恐懼。當你感恩金錢時，你不只能中斷
那些會讓金錢遠離你的負面想法和感覺，還能帶給你更多金
錢！

　　針對已經得到的金錢和持續接收到的金錢，你已經練習了
感恩。所以，在你對想要得到的金錢使用感恩的魔力之前，
你需要了解有哪些不一樣的方式以及管道，可以讓金錢和財
富流進你的人生。因為如果每次財富或金錢增加時你都不感
謝，流向你的財富就會停止。

　　透過收到一張沒預期會拿到的支票、加薪、贏得樂透、退
稅，或是沒想到會從他人身上得到的金錢饋贈，金錢會流向
你。當有人自動要買單付咖啡、午餐或晚餐的錢時，當你正

要買一樣東西而你發現有打折時，當買東西有現金折抵時，或是當有人送給你的某件禮物剛好是你需要買的東西時，你的金錢也會增加。以上每一種情況的結果都是你會有更多的錢！所以一有狀況出現時，就問問自己：這個狀況代表我會有更多的錢嗎？因為如果是這樣，你需要非常感恩透過那個狀況所得到的金錢！

如果你告訴朋友說你要買某樣東西，而他因為目前用不到，便借你或直接給你那樣東西；如果你計畫去旅行，然後聽說有一個特價優惠；如果你貸款的機構降低利息，或提供服務的人給你一個更好的方案——透過以上種種狀況省下來的錢，你的錢像魔法般地增加了。這樣你知道可以得到金錢的方式有無限多種了嗎？

你過去很可能經歷過類似的狀況，而不管你那時是否了解，它們會發生是因為你吸引它們前來。但是當感恩成為你的生活方式時，你會一直吸引到魔法般的狀況！很多人稱之為好運，但是這跟運氣一點關係都沒有，它是宇宙法則。

任何導致你擁有更多金錢，或是收到某件本來需要花錢買東西的情況，都是你的感恩產生的結果。當你知道自己做到了這件事情時，你將會感受到很大的喜悅。而當你將喜悅和感恩結合時，你就有了一股真正的磁力，能持續吸引更多的富足。

幾年前抵達美國時，我帶著兩個行李箱。在一個空蕩蕩的公寓中，我將電腦放在腿上工作；我沒有車，所以幾乎都是用走的到任何地方。但是我感恩每一件事：我感恩自己能在美國，我感恩我正在做的工作，我感恩這空蕩蕩的公寓有四個盤子、四支刀子、四支叉子及四支湯匙，我感恩我能用走的到大部分的地方，也感恩對街就有計程車招呼站。接著，某件不可思議的事發生了——一個我認識的人決定送給我一位司機和一部車使用幾個月。本來除了電腦外，我有的就是最基本的生活用品；突然間，我有了自己的私人司機和車子！因為我感恩，所以我得到更多，而那正是透過感恩產生魔法的方式。

今天這個讓你得到你希望擁有的金錢的魔法練習，已經為很多人帶來驚人的成果。在這個練習的最後，你會找到一張「宇宙感恩銀行」發出的空白「魔法支票」，而你要開一張「魔法支票」給自己。請在上面填入你的名字、你希望收到的金錢數目，以及今天的日期。選一個你真的很希望得到的東西，然後填上它的金額，因為當你知道要把這筆錢花在哪裡時，你將能對金錢感覺到更多感恩。金錢是得到你想要的東西的工具，而不是結果。所以如果你只想著金錢本身，就無法感覺到同等的感恩。當你想像自己已經得到你真正想要的東西，或是在做你真正希望做的事時，比起只是感恩金錢，你將會感覺到更多的感恩之情。

你可以影印或是掃描這本書裡的魔法支票，也可以從www.thesecret.tv/magiccheck下載許多空白的魔法支票。

如果你希望，可以從比較小的金額開始寫你的第一張魔法支票。而在你得到較小的金額後，接下來你可以持續增加支票上的金額。從較小的數字開始的好處是，當你神奇地得到這筆錢之後，你會知道你做到了，你會知道感恩的魔法確實有用，而你所感覺到的感恩和喜悅，將會讓你更能相信較大的金額。

一旦填完魔法支票上的所有空格後，把這張支票拿在手中，然後思考一下你想要用這筆錢來買的那樣東西。請在心裡描繪一個畫面，而且想像自己確實在使用這筆錢去得到想要的那樣東西，並盡可能地投注許多興奮和感恩之情。

也許你想要用這筆錢來買一雙新鞋、一部電腦或一張新床，所以請描繪你確實在商店裡買自己想要的東西。如果你是在網路上買，就想像你因為收到寄來的東西，所以覺得興奮和感恩。或者，你可能想要用這筆錢去海外旅遊，或當作孩子的大學教育基金，那就想像你去買機票，或是開一個儲存大學教育基金的銀行帳戶，而且要像已經得到這筆錢一樣，感到快樂和感恩！

在你完成這些步驟後，今天就隨身帶著你的魔法支票，或把它放在你可以常看到的地方。今天當中至少要有兩次，把魔法支票放在手中，然後想像你確實使用這筆錢在你想要的東西上，而且要盡可能感覺到感恩和興奮，彷彿你真的在做這件事一樣。如果你想要，可以在一天之內練習很多次。跟其他的魔法練習一樣，你也可以常常做這個練習。

今天結束時，你可以把你的魔法支票放回你原本拿到的地方，或是把它放在另一個你會每天看到的地方。你可以把它貼在浴室的鏡子或冰箱上，放在你的魔法石底下，放在你的車上或錢包中，或者當成你的電腦桌面。每當你看到你的魔法支票時，要感覺到你彷彿已經收到了這筆錢，並感恩你現在可以擁有自己想要的一切，或是能做自己想做的事。

當你已經得到寫在魔法支票上的金錢，或是以另一種神奇的方式得到你想要用這筆錢買的東西時，就可以再開一張魔法支票，然後在上面填上你真正想要的另一樣東西的金額。而且只要你想要，可以持續「魔法支票」的練習。

魔法練習17

魔法支票

1. 數算你的恩典：列出十項你接收到的恩典。寫下**爲什麼你會**
   感恩，然後重新去讀你的清單，對每一項恩典說「**感謝你、**
   感謝你、感謝你」，並對其感覺到感恩。

2. 在你的魔法支票上填上你的名字、你想要得到的金錢數目
   和今天的日期。

3. 手中拿著你的魔法支票，想像你正在買你希望用這筆錢去
   買的東西，並且要盡可能感受到你得到它之後的那種快樂
   和感恩的感覺。

4. 今天請帶著這張支票出門，或是放在你可以經常看到它的地
   方。至少要有兩次把支票放在手中，然後想像自己正在使用
   這筆錢去買想要的東西，而且要像你眞的在做這件事一樣感
   覺到感恩之情。

5. 一天結束後，將你的魔法支票放在你每天都能看到的顯眼
   之處。當你已經得到支票上的金錢，或是已經得到你想要用
   那筆錢來買的東西時，就可以再開一張魔法支票，然後在上
   面填上另一樣你想要的東西的金額，並重複步驟 2 到 4。

6. 今晚睡前，請在手中握著你的魔法石，並對今天所發生過最
   美好的一件事說出魔法句「感謝你」。

影印或掃描這張支票，接著填上日期、你的名字以及你希望收到到的金錢數目（幣值由你決定。）

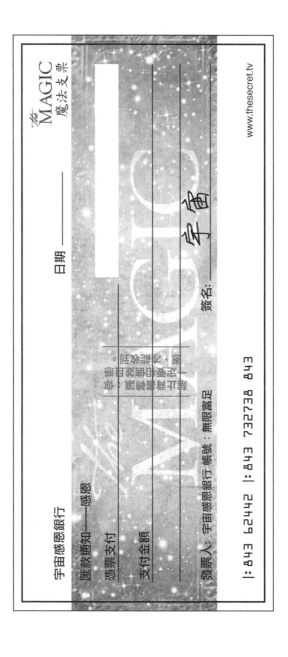

Day 18

魔法般的待辦清單

「宇宙之間充滿著神奇的事物，正耐心地等待人類有
足夠的智慧去感受它們。」

伊登・菲爾波茲 (1862-1960)
小說家及詩人

眞的，如果仔細想想就會發現，感恩是你的好朋友，總是在
那裡等著幫助你。它從來不會讓你感到挫敗或是失望，而你愈
是仰賴它，它能爲你做的愈多，愈能豐富你的人生。今天的魔
法練習將讓你知道如何更仰賴感恩，這麼一來，它能爲你做很
多魔法般的事情。

每天都會出現一些生活上的小問題需要解決，有時候如果不
知道如何解決某個狀況，就會覺得超出負荷。也許你的問題是
沒有足夠的時間去做所有你必須做的事，所以你有些困惑，因

為一天只有二十四小時。也許你覺得被工作壓垮了，所以想要更多自由的時間，但是你看不到有任何方式可以讓你擁有自由時間。也許你是在家照顧孩子，覺得疲憊不堪或筋疲力盡，但你沒有任何方法可以得到支援，讓你有休息的時間。也許你正面對一個需要解決的問題，但不知道有什麼解決之道。也許你遺失了某件物品，而你盡了力想找回來，偏偏運氣不好。也許你希望找到某個人事物，例如完美的寵物、完美的保姆、很棒的髮型師、很神奇的牙醫或醫生等等，但儘管你付出了最大的努力，還是找不到你想要的。也許有人叫你去做某件事，但你不知道如何回應，所以處在一個不舒服的情況中。或者，你也許跟某人陷在某種爭論中，而事情非但沒有解決，似乎還變得更糟。

當你不知道該怎麼辦，或當你只是想要完成某件事時，這個「魔法般的待辦清單」練習將能幫你解決每天出現的任何小問題，而你會對結果感到驚奇！

當你把感恩的魔力和吸引力法則結合在一起使用時，人、情況及事件一定會重新排列組合，為你做到你希望完成的事！你不會知道它是怎麼發生，或它是怎麼為你做到的，那不是你的工作，你的工作只是盡可能地對你現在希望做到的事表達感恩之情，好像它已經完成了。接著，就讓魔法發生吧！

今天請製作一張待辦事項清單，列出你希望為你完成或解決的最重要的事，並在標題寫上「魔法般的待辦清單」。你可以在清單上寫下你沒有時間做、或不想做的事，以及目前碰到的任何問題，小至日常生活瑣事，大至人生問題都可以。思考一下，在你人生的各種領域中，你希望為你解決或完成的事情是什麼。

當你完成清單時，從中選出今天要先專注其上的三件事來，然後一次一個項目，想像每件事都已經神奇地為你完成了。想像所有的人、情況及事件都動員起來為你做這件事，而且現在已經完成了！所有的事情都為你做完、為你整理好、為你解決了。而因為已經完成了，所以你給予許多感恩作為回報。請至少花一分鐘的時間在每一個項目上，相信它已經完成了，並感覺到自己報以無比的感恩之情。你可以另外找時間對清單上的其他項目重複同樣的練習，但光是把你希望為你完成的事情列在「魔法般的待辦清單」上，就很有力量了。

記住，吸引力法則說「同類相吸」，那代表當你感恩解決方案的出現，彷彿你已經擁有它時，你將會吸引所需要的一切進入你的生命中，以解決這個狀況。把注意力放在問題題上只會吸引更多問題。你必須成為解決方案的磁鐵，而不是問題的磁鐵。感恩你有了解決之道，而且事情已經被解決了，就能吸引到解決方案。

　　為了說明這個魔法練習是多麼強大，我想跟你分享我女兒的故事，她使用這個練習將她遺失的錢包吸引回來。

　　有一晚我的女兒外出後，隔天一早發現她的錢包不見了。但她不知道可能掉在哪裡，甚至是否被偷了。她打電話給前一晚去吃晚餐的那家餐廳、回家時搭的那部計程車所屬的公司、當地的警察局，也在街上到處找，還去敲附近鄰居的門，但是沒有人撿到她的錢包。

　　我女兒的錢包裡有貴重的物品，包括她所有的提款卡和信用卡、駕照，以及現金。除了這些外，她最擔心的是，因為她有一段時間都在海外，所以錢包裡沒有目前的連絡資訊。電話簿上也查不到她的號碼，因為她沒有去刊登，而她的姓氏又很常見。看起來似乎是沒有希望了。

　　儘管看似不可能，我的女兒還是坐下來、閉上眼睛，然後在心裡描繪她的錢包。她想像自己手上拿著錢包，打開來檢查內容物，然後因為看到她的錢包及裡面的東西都找回來了，且正握在手中，所以她覺得非常感恩。

　　在那一天接下來的時間裡，每次想到這件事，我女兒就會再次想像手中正拿著她的錢包，而且因為找回了錢包而興高采烈，心懷感恩。

當天很晚時，她接到一通住在百哩外的農夫打來的電話，說找到了她的錢包。這個故事最特別的部分在於，那個農夫是在白天很早的時候在我女兒家外面的街上撿到錢包的。他馬上找尋錢包中的連絡資訊，並打了幾通電話試圖要找到它的主人，但是都沒有用。所以他放棄了，帶著錢包開車回到他的農場。

但當他走在農場的田野間時，那個錢包彷彿一直在對著他嘮叨，所以他決定最後再徹底地翻找一次。結果，他找到一張小紙條，上面寫著一個男人的教名，所以他將這個教名和我女兒的姓氏拼在一起，並打給查號台尋求協助。符合那個教名和姓氏的資料只有一筆，那個農夫便撥打這個電話號碼，結果打到了我女兒父親的家。到今天為止，我們還是不知道那個農夫是怎麼要到這組電話號碼的，因為這個號碼並沒有登記！這件事發生之後，我們自己打給查號台好幾次，每次的回應都是：「抱歉！上面沒有這個名字。」

我女兒的錢包從百哩之外，透過最神奇、看似不可能的過程，原封不動地回到她身上。她盡到了她的責任，就是感恩自己的錢包回來了，而這一定會發生，因為感恩施展了它的魔法，移動了每一個人、狀況及事件，讓她的錢包能回到她身邊。

　　你也能隨時使用感恩的魔力，而且它總是在那裡——你所要做的，只是自己去發現它，並且學習如何使用它！

魔法練習18

魔法般的待辦清單

1. 數算你的恩典：列出你接收到的十項恩典。寫下**爲什麼**你會感恩，然後重新去讀你的清單，對每一項恩典說**「感謝你、感謝你、感謝你」**，並對其感覺到感恩。

2. 列出一張清單，寫下你需要有人爲你完成或解決的最重要的事情或問題。在你的清單上面寫下**「魔法般的待辦清單」**這個標題。

3. 從你的清單中選出**三件**最重要的事情，然後一次一件，想像每一件事都已經爲你完成了。

4. 在每一件事情上至少要花一**分鐘**的時間，相信它已經被完成了，而且你感受到自己正報以莫大的感恩。

5. 今晚睡前，請在手中握著你的魔法石，並對今天所發生過最美好的一件事說出魔法句**「感謝你」**。

Day 19

魔法的腳步

> 「我每天會提醒自己一百次，我的內在和外在生活
> 都是仰賴他人——無論活著或已經去世——努力的成
> 果。所以，我必須竭盡全力，希望能以同等的貢獻回
> 報我過去到現在自他人身上所獲得的一切。」

愛因斯坦（1879-1955）
諾貝爾獎物理學家

透過這段文字，愛因斯坦給了我們一份與他的科學發明一樣棒的禮物——他之所以成功的其中一項魔法般的祕密，就是每天感恩！

愛因斯坦是今天魔法練習的靈感來源，而你將跟隨他的腳步，把成功帶進你的人生中。今天你要像愛因斯坦一樣，你要說一百次「**感謝你**」，而且你將透過走一百步「**魔法的腳步**」

來做到這件事。對你而言，踏腳步可能為你的人生帶來改變，聽起來似乎有點難以置信，但你將會發現那是你可以做的最強而有力的一件事。

> 「今天神給了你八萬六千四百秒這份禮物，但你有花
> 一秒鐘的時間去說『感謝你』嗎？」
>
> 威廉‧沃德（1921-1994）
> 作家

要以「魔法的腳步」走路，那麼當你踏出一步且腳碰到地面時，就要在心裡說魔法句「**感謝你**」。接著，當你的另一隻腳碰到地面時，再說一次「**感謝你**」。就這樣，一隻腳碰到地面時，「**感謝你**」，另一隻腳碰到地面時，「**感謝你**」，而且接下來踏出每一步時，都要說魔法句。

關於「魔法的腳步」，最美好的事情是你可以在任何地方及任何時間踏出這種腳步，多少步都可以——從家裡的一間房間走到另一間房間、走去吃你的午餐或喝咖啡、去倒垃圾、走去參加會議，以及去搭計程車、火車或是公車的路上。在前往處理對你而言很重要的事情的路上，你可以踩著「魔法的腳步」，像是考試、約會、工作面試、試鏡、見客戶，去銀行、去提款機領錢、看牙醫、看醫生、去剪頭髮、去看你支持的球隊比

賽、走在走廊上、經過機場航站、在公園裡，或是從一個街區走到另一個街區。

　我會在家裡以「魔法的腳步」從我的床走到浴室、從廚房走到臥房，以及往外走到我的車子和信箱。每當我走在街上，或是走到任何地方時，我都會選擇一個點作為目的地，然後沿路把感恩納進我的腳步中。

　如果你有留意開始之前的感覺，那麼你將注意到，在你以「魔法的腳步」走路之後，你的感覺會有很大的不同。當你踩著這些腳步時，如果你沒有感覺到很多的感恩之情也無所謂，我保證你之後仍然會比較快樂。如果你現在覺得沮喪，「魔法的腳步」將會使你的感覺變得好一些；即使你現在就覺得很棒，「魔法的腳步」將使你的精神更振奮！

　為了讓「魔法的腳步」最有效率，請走九十秒。這是一般人在比較悠閒的步調下走一百步所花的時間。這個練習不是要你真的只走一百步，而是至少要走到那個數字，因為要讓你的感覺有很大的不同，可能就需要那麼多步。一旦你很清楚地知道適當的距離，就可以在一天中的任何時刻去走你心懷感恩的一百步。此外，練習時不要計算步伐，因為那只是在數數，而不是在說「**感謝你**」這個魔法句。

　　當你完成今天的魔法練習時，你已經說魔法句「**感謝你**」一百次了！在你的人生中，你有幾天會說一百次「**感謝你**」？

　　但愛因斯坦每天都做到了！

魔法練習19

魔法的腳步

1. 數算你的恩典：列出十項你接收到的恩典。寫下**為什麼你會感恩**，然後重新去讀你的清單，對每一項恩典說「**感謝你、感謝你、感謝你**」，並對其感覺到感恩。

2. 在一天的任何時間內，帶著感恩走一**百步**「魔法的腳步」（大約九十秒）。

3. 每踏出一步，就說出魔法句「**感謝你**」，並感受到感恩之情。

4. 今晚睡前，請在手中握著你的魔法石，並對今天所發生過最**美好的**一件事說出魔法句「**感謝你**」。

Day 20

心的魔法

「感恩是心的記憶。」

吉恩‧巴蒂斯特‧馬休 (1743-1818)

法國激進革命家

到目前為止你也許已經了解到，任何的感恩魔法練習的目的都是為了讓你盡可能地去感受，這是因為當你在心裡增加感恩的感覺時，你在外在世界能感恩的事情也會增加。

最後，在練習感恩一段時間後，你會自動在內心深處感受到它。然而，今天的魔法練習將打破一般要到達那個境界所需的時間。

「心的魔法」練習的設計目的是，透過在你說出並感覺到魔法句「感謝你」時，讓自己的注意力放在心的範圍內，來大幅

增加你感覺到的感恩深度。科學研究顯示，藉由在你覺得感恩時，將注意力放在自己的心上，心的律動馬上變得更加平穩及和諧，你的免疫系統和健康也會有很大的改善。這會讓你了解「心的魔法」的力量。第一次嘗試需要一些練習，但是值得努力，幾次之後你就了解了，然後在你每次練習時，感恩的感覺都會大幅地增加。

為了練習「心的魔法」，把你的心思和注意力集中在心周圍的區域，放在身體的裡面或外面都不重要。閉上你的眼睛，因為這樣會比較容易進行，然後當你把注意力放在心上時，在心裡說魔法句「感謝你」。一旦練習了幾次之後，你將不再需要閉上眼睛，但是根據經驗，閉上眼睛時，你會感覺到更多的感恩之情。

你可以做幾件事來幫助自己熟練「心的魔法」。在說魔法句「感謝你」時，你可以把右手放在心的周圍，讓心思專注在那裡。或者你可以想像一下，當你說魔法句「感謝你」時，這句話是從你的心說出來，而不是頭腦。

今天的魔法練習其中有一部分是拿出你的「前十項渴望清單」，然後針對每一項渴望練習「心的魔法」。請在心裡默唸或是大聲地讀出每一個渴望，唸完之後，請閉上眼睛，將心思專注並保持在心的周圍，然後慢慢地說出魔法句「感謝你」。如果它對你有所幫助，你可以運用我在前一段給的小訣竅。當

你對每一項渴望做完「心的魔法」之後，你將不只增加所感受到的感恩深度，也大幅地增加了對你最渴望的那些事物的感恩之情。

　　如果你希望可以加速實現你的渴望，可以持續針對所渴望的事物練習「心的魔法」。或者，你可以在說魔法句「**感謝你**」的任何時候使用「心的魔法」。即便一天只使用「心的魔法」幾次，都能大大地影響你的快樂和你人生中的魔法。

　　一旦練習「心的魔法」幾次後，你會覺得感受的深度有很大的提升，而提到感恩，關鍵就在於感覺的深度，因為你的感覺愈深刻，你接收到的事物愈豐盛。當你增加感受的深度時，最開始的身體徵兆可能是心的周圍會有刺痛感，或者覺得全身充滿喜悅的浪潮。你的眼睛可能充滿淚水，或者你可能會起雞皮疙瘩，但毫無例外的，你將開始感覺到前所未有的深刻平靜與快樂！

魔法練習20

心的魔法

1. 數算你的恩典：列出你接收到的十項恩典。寫下為什麼你會感恩，然後重新去讀你的清單，對每一項恩典說「**感謝你、感謝你、感謝你**」，並對其感覺到感恩。

2. 把你的心思及注意力放在心的周圍。

3. 閉上眼睛，然後當你將注意力保持在心上的同時，在心裡說魔法句「**感謝你**」。

4. 拿出你的「前十項渴望清單」，透過唸出每一項渴望來練習「心的魔法」。接下來閉上你的眼睛，將心思專注在心周圍的區域，並且慢慢地再次說出「**感謝你**」。

5. 今晚睡前，請在手中握著你的魔法石，並對今天所發生過最美好的一件事說出魔法句「**感謝你**」。

Day 21

美好的結果

> 「你在餐前讚美?好吧。但是我在演奏會以及歌劇
> 表演前讚美,在每一齣劇以及默劇開演前讚美,在
> 打開書前讚美,在素描、繪畫、游泳、擊劍、拳擊、
> 走路、玩樂、跳舞前讚美,還有在我用筆蘸墨前讚
> 美。」
>
> ### 吉爾伯特‧凱斯‧雀斯特頓 (1874-1936)
> 作家

我們都希望所做的每一件事都有豐碩的成果。作家吉爾伯特‧凱斯‧雀斯特頓在執行一個動作之前先付出感謝,他使用感恩的魔法來確保所想要的成果。

有些時候,你會告訴自己:「我希望這可以進行得很順利。」或是「我希望這個結果會是好的。」或是「我會需要很多的運

氣。」這所有的想法都是希望事情能有好的結果，但人生中所發生的事並不是憑藉偶然或運氣好，宇宙的法則運作得非常準確，而那才是你可以仰賴的事物！

飛機駕駛員不會希望在飛行的時候物理法則持續運作，因為他知道物理法則從來不會失誤。你不會希望重力法則能讓你保持在地面上，這樣你才不會飄進外太空中。你知道這其中沒有偶然或意外，重力法則從來不會失誤。

如果你希望所做的每一件事都有美好的結果，那麼你必須使用掌管結果的法則——吸引力法則。意思就是，你必須使用你的想法和感覺來為你吸引美好的結果，而感謝美好的結果是最簡單的方式之一。

這個「美好的結果」練習是要你在做某件你希望順利進行的事情之前先感恩。你可以感謝工作會議、面試或考試所帶來的美好結果，感謝運動比賽、一通電話、和朋友聚會，或是去看你的婆婆／岳母所帶來的美好結果。你可以感謝你的固定運動、帶寵物去看醫生，或是你的健康或牙齒檢查所帶來的美好結果。你可以感謝水電工或家裡為你處理問題的生意人帶來的美好結果，感謝家庭出遊、和孩子討論他們的行為，或是和你的夥伴談心等的美好結果。你可以感恩即將進行的交易所帶來的美好結果，例如買生日禮物、訂婚戒指、結婚禮服，或是選擇新手機、新地毯、新窗簾或一家創新公司所帶來的美好

結果。你可以感謝預訂餐廳或演唱會的好位置所帶來的美好結果。或是感謝每天的信、電子郵件，或你每年的退稅所帶來的美好結果。

如果相信感恩的魔力有助於創造美好的結果，你可以在空中揮舞十根手指，並想像你正在為希望能有美好結果的事情上灑魔法金粉！

為了創造美好的結果而使用感恩的另一個時間點是：有某件意料之外的事情發生時。當某件事不在預期內的事發生，我們通常會馬上下結論，認為一定是哪裡不對勁。舉例來說，你才剛上班，然後立刻被通知說老闆想見你。你馬上下結論，認為一定是自己哪裡做錯了——這麼想的問題是，根據吸引力法則，你思考和感覺到什麼，就會將其吸引過來。所以與其妄下定論，認為你可能麻煩大了，不如把握機會，透過感恩美好的結果來使魔法發生。

如果你在前往工作的路上錯過一班公車或電車，或是錯過一班飛機，或是意外地被耽擱了，與其認為「真糟糕」，不如感恩美好的結果。這麼一來，你就會讓魔法開始運作，以得到美好的結果。

如果你是為人父母，而且無預期被要求出席一個跟你孩子有關的學校會議，那麼與其認為孩子是不是出了什麼狀況，不如

感恩美好的結果。如果你接到意料之外的電話、電子郵件或信件，腦子裡開始敲起警鐘：「是不是哪裡出了錯？」那麼，在你接起電話、打開電子郵件或信件*之前*，請馬上感恩美好的結果。

　　大部分時候，你會看到且經驗到所要求的美好結果，有時你甚至不知道是如何從一個意料之外的事件中得到益處的。但是當你要求美好的結果，且由衷地感謝它時，你就在使用吸引力法則，而你一定會在某個地方、某個時間點上得到一個豐盛的結果。我敢跟你保證！

　　每當你發現自己在想，人生中發生的某些事情跟機運有關，或你對某件事情沒有掌控權，或者，當你發現自己*希望*某件事情發展得很順利時，要記得，對吸引力法則來說沒有偶然──你將會得到你正在思考及感覺的事物。感恩會讓你避免吸引到不想要的事物，也就是不好的結果；相反的，它會確保你得到你*真正*想要的事物，即美好的結果！

　　當你感恩美好的結果時，你正在使用宇宙法則，並且將「希望」和「偶然」轉變為「保證」和「必然」。當感恩成為你的生活方式時，你會自動心懷感恩去做每一件事，因為你*知道*感恩的魔法將會產生美好的結果。

　　做這個「美好的結果」練習愈多次，且讓它成為一個日常的習慣，你為自己的人生所吸引到的美好結果就愈多。你會發現你愈來愈少處在自己不想要的情境中，你將發現自己不會在錯的地方、錯的時間出現。而且不管你一天當中發生什麼事，你都會非常肯定、非常明確地知道結果將會非常豐碩。

　　今天一開始，先選出你希望會有美好結果的三種情況。你可以選擇最近對你來說很重要的三件事，例如即將來臨的工作面試、貸款申請、考試或看醫生。你也可以選擇從對你來說比較單調平凡的三件事情開始，因為當魔法發生在那些很平常的事情上時，你會真的相信自己確實吸引到美好的結果了！舉例來說，你可以選擇開車去工作、燙衣服、去銀行或郵局、接小孩、付帳單或去拿信之類的事。

　　列出你希望有美好結果的三個項目。使用感恩的魔力，而且當你在寫每一個項目時，要想像你是在每一件事情發生*之後*才把它寫下來的：

感謝＿＿＿＿＿＿＿＿帶來美好的結果！

　　這個魔法練習的第二步驟，就是選出今天沒有預期會發生的三件事情，而且為了它們的美好結果，也同樣使用感恩的魔力。你可以在打三通電話之前，或是打開三封電子郵件或信件之前做這個練習，也可以在做某件意料之外的事，或是做任

何意外出現的事之前使用感恩的魔力。這部分練習的重點不在
於你所選擇的那些未預期會發生的事件，而在於為了獲得美好
的結果，你在那些沒有預期會發生的小事上練習感恩。如果可
以，每當一件未預期的事情發生時，先暫時閉上你的眼睛，並
在心裡說出且感覺到魔法句：

　　感謝帶來美好的結果！

　　你可以常常做這個魔法練習，因為你練習得愈勤快，你人生
中的美好結果就會愈多。但今天的練習是要讓你知道這件事，
未來如果你發現自己身陷希望有好的結果，或是認為自己需要
運氣的狀況，你就能馬上求助感恩的魔力，並讓你的人生確實
產生美好的結果！

魔法練習21

美好的結果

1. 數算你的恩典：列出你接收到的十項恩典。寫下**為什麼**你會感恩，然後重新去讀你的清單，對每一項恩典說「**感謝你、感謝你、感謝你**」，並對其感覺到感恩。

2. 在一天開始時，選擇三**件**對你來說很重要、而且你想要擁有美好結果的事情或狀況。

3. 寫下你選出來的三件事，而且寫的時候要好像你是在它發生了之後才寫的：
   感謝＿＿＿＿＿＿＿＿帶來美好的結果！

4. 在這一天當中選擇三件你沒料到會發生的事，然後對其產生的美好結果表達感謝之意。每一次練習時，都請閉上你的眼睛，並在腦海裡說出並感受到：
   感謝＿＿＿＿＿＿＿＿帶來美好的結果！

5. 今晚睡前，請在手中握著你的魔法石，並對今天所發生過最美好的一件事說出魔法句「感謝你」。

就在你的眼前

> 「儘管我們發現了眾多的科學事實，這個世界依然是
> 一個奇蹟：奇妙、不可思議且神奇，超乎任何人的想
> 像。」

> *湯姆士・卡萊* (1795-1881)
> 作家及歷史學家

　　七年前，當我剛發現《祕密》以及感恩的魔力時，我列出我
所有的渴望。那是一份很長的清單！那時，我的渴望似乎沒有
機會成真，然而我還是把前十項渴望寫在一張紙上，每天帶在
身上，有機會時便拿出清單讀過一遍，並盡可能對每一項渴望
給予很多感謝，彷彿我已經實現它了。我時常把我最大的渴望
記在腦海中，一天對它說很多次魔法句「**感謝你**」，並感覺到
它似乎已經成真了。結果，我清單上的每一項渴望都像魔法般
一個接著一個出現在我的眼前。而當我得到渴望的事物時，就

將它們從清單上劃掉;有了新的渴望,我就將它們列到我的清單上。

我原本的清單中,有一項渴望是去大溪地附近的波拉波拉島旅行。而在波拉波拉島度過美好的一週後,另外一件美好的事情發生了。當我要飛往大溪地本島、準備回家時,飛機中途停下來接旅客。飛機本來是空的,但後來出現了一大群土生土長的大溪地人。突然間,爽朗的笑聲、微笑的臉龐以及快樂的氣氛圍繞著我。

當我在享受與這些美好的人們共度的短暫飛行時,我突然清楚了解到他們為什麼這麼快樂——因為他們感恩!他們感恩能活著、感恩能坐在飛機上;他們很感恩能和彼此在一起,也對要前往的地方充滿感恩之情——他們感恩每一件事情!我可以留在那飛機上,跟著他們一起環遊世界,因為跟他們在一起的感覺很快樂。突然間,我想到我剛剛實現了我最終的渴望:波拉波拉島是我原來那份很長的清單上的最後一個項目,而我會出現在那架飛機上的原因就在我的眼前——感恩!

我與你分享這個故事,希望對你有所啓發,因為不管你的渴望看起來有多麼的巨大,你都可以透過感恩實現它們。甚至,感恩還會為你的人生帶來前所未有的喜悅和快樂,而那確實是無價的。

　　從我開始運用感恩以及吸引力法則，到我實現原始清單上的最後一個渴望，總共經過了四年。爲了讓你清楚地了解到，在那段時間內實現我所有的渴望是多麼浩大的「工程」，我必須告訴你：當我列出渴望清單時，我的公司處於負債二百萬美元的狀態，而我只剩兩個月可以處理債務問題，之後就可能被迫把公司結束掉，並且可能失去我的房子和所擁有的一切。我個人的信用卡債金額還算小，但我的渴望清單是：擁有一棟面海的房子、去異國旅遊、償還所有債務、擴大公司規模、盡可能改善每一段關係、增進家人的生活品質、身體完全恢復健康、對人生抱持著無限的活力和興奮，以及一些物質事物等。而我的第一個渴望，就是透過我的作品帶給數百萬人喜悅──對我周遭的許多人來說，這似乎是絕對不可能的。

　　但我實現的第一個渴望，就是透過我的作品帶給數百萬人喜悅。我其他的渴望像魔法般跟著實現。當它們出現在我的眼前時，我就將它們從清單上一一劃掉。

　　所以，現在輪到你使用感恩的魔力，讓你所渴望的事物出現在你眼前了。當一天開始時，請拿出你的「前十項渴望清單」，閱讀清單上的每個句子和每個渴望，然後花一分鐘你已經得到所渴望的事物了。要盡可能地感覺到感恩之情，彷彿你現在就已經得到了。

今天將你的渴望清單放在口袋中隨身攜帶，然後一天當中至少要在兩個時刻拿出你的清單閱讀一遍，並且盡可能對每一個渴望感覺到許多的感恩之情，彷彿你已經實現它了一樣。

如果你想要讓自己的渴望更快實現，我非常建議：從今天開始，將渴望清單放在你的錢包或皮夾裡，一有時間就打開來閱讀一遍，並且盡可能對每一個渴望感覺到許多的感恩之情。當你所渴望的事物出現在眼前時，就將它們從清單上劃掉，然後加上更多新的渴望。如果你跟我一樣，那麼每當在清單上劃掉一項渴望時，你將會流下喜悅的淚水，因為看似不可能的事，透過感恩的魔力，已經變成可能了。

魔法練習22

就在你的眼前

1. 數算你的恩典：列出你接收到的十項恩典。寫下**為什麼**你會
   感恩，然後重新去讀你的清單，對每一項恩典說「**感謝你、
   感謝你、感謝你**」，並對其感覺到感恩。

2. 一天開始時，拿出你列好的「前十項渴望清單」。

3. 閱讀你清單上的每個句子、每個渴望，並花一分鐘的時間
   想像你已經實現了自己的渴望。要盡可能感受到感恩之情。

4. 今天把你的渴望清單放在口袋裡隨身帶著。一天當中至少
   要在**兩個**時刻拿出你的清單閱讀一遍，並且盡可能感受到
   感恩。

5. 今晚睡前，請在手中握著你的魔法石，並對今天所發生過最
   美好的一件事說出魔法句「感謝你」。

Day 23

魔法空氣

「清晨離開家去散步、呼吸新鮮空氣，回來時變成另
一個令人著迷的人──這是很有可能的。」

瑪麗‧艾倫‧崔斯 (1887-1973)
教育家及作家

幾年前如果有人要對所呼吸的空氣感恩，我一定會以為那個
人瘋了。對我來說那毫無道理可言：到底為什麼要對所呼吸的
空氣感恩啊？

但是自從我的人生因為使用感恩而發生改變之後，我原本
視為理所當然或不假思索的事，對我而言卻成了一個絕對的奇
蹟。原本，我每天在狹隘的世界及日常生活中為了小事拚命；
如今，我打開眼界，思考事物的全貌及宇宙的奧妙。

如同偉大的科學家牛頓所說：「看著太陽系時，我發現地球和太陽之間保持著適當的距離，以接收適當數量的熱和光。這絕非偶然。」

那些文字讓我對於事物的全貌想得愈來愈多。有大氣層保護、圍繞著我們，在那之外則沒有空氣或氧氣，並不是偶然；樹木釋放出氧氣，所以我們的大氣能夠不斷獲得補充，這也不是偶然；我們的太陽系位於現在這個完美位置不是偶然，如果它是在銀河系的其他任何地方，我們可能會被宇宙輻射給摧毀。有上千種係數和比例在維持地球上的生命，而且全都是牽一髮動全身。它們的微調非常具關鍵性，因為如果任何一個參數和比例有些微不同，就會讓地球上的生命無法存活。很難相信這些事情有哪一件是偶然發生的，它們似乎是為了我們而被完美地設計出來，處在完美的位置，保持完美的平衡！

當你了解到這所有的事情都不是意外，且所有圍繞著地球及在地球上面的微小元素之間的平衡完美地支撐了我們，你將對生命感受到莫大的感恩之情，因為這一切都是為了支持你！

你呼吸的魔法空氣不是出於偶然或僥倖。當仔細思考，為了讓我們有空氣可以呼吸，宇宙中有多少事情必須發生，然後吸一口氣時，你會覺得將空氣吸進你身體這件事真的很驚人！

我們一口接著一口地吸氣，卻從來沒想過我們總是有空氣可以呼吸這個事實。然而，氧氣是人體中最充足的元素之一，當我們呼吸時，它餵養了我們體內的每一個細胞，我們才可以持續存活。我們生命中最珍貴的禮物就是空氣，因為沒有它的話，沒有人能活過幾分鐘。

當我一開始使用感恩的魔力時，我把它用在我想要的許多個人財物上，而它的確有效。但是當我對生命中真正的禮物表達謝意時，我才經歷到感恩的終極力量。當我對夕陽、樹木、海洋、草地上的露水、我的人生及出現在其中的人表達更多的感謝時，我曾經夢想過的每一件物質事物如排水般倒來。我現在知道這種事為什麼會發生了。當我們可以真正為生命和大自然的珍貴禮物 —— 例如我們呼吸的魔法空氣 —— 感恩時，我們已經達到感恩最深的境界之一，而能夠那樣深刻感恩的人將會得到絕對的豐足。

今天請停下來思考一下你呼吸到的神聖空氣。刻意做五次呼吸，感覺空氣在你的身體中流動，並感受到將它呼出去的喜悅。今天請在五個不同的時刻各呼吸五次，並且在你完成每一次的呼吸後說出魔法句：「感謝我所呼吸的魔法空氣。」請盡可能真心地感謝你所呼吸的那賦予你生命的珍貴空氣！

如果可以在戶外做這個魔法練習是最好的，這麼一來，你可以真正感受並體會到新鮮空氣的美妙。但是如果沒辦法，就

在室內做這個練習。呼吸時，你可以閉上或是睜開眼睛，然後你可以在走路、排隊、購物時做這個練習，或是任何時候想做就做。重要的是，你必須刻意去感覺空氣在你的體內進出。用你自然的方式呼吸，因為這個魔法練習跟你的呼吸無關，而是跟你對於所呼吸的空氣表達感恩有關。如果吸一口比較大的氣能幫助你感覺到更多的感謝之意，那就這樣做；如果呼氣時發出聲音，或是在心裡默唸魔法句「**感謝你**」有所幫助，那就這樣做。如果你想要，未來你也可以做這個練習的變化版——想像你將感恩吸進體內，並透過你吸入的每一口氣讓自己充滿感恩。

　　古老的教導中提到，當一個人能深刻地感謝其所呼吸的空氣時，他的感恩力量會來到一個新的層次，而且他將成為真正的煉金術士，能毫不費力地將他生命中的每一個部分轉化成黃金！

魔法練習23

魔法空氣

1. 數算你的恩典：列出十項你接收到的恩典。寫下**為什麼**你會感恩，然後重新去讀你的清單，對每一項恩典說「**感謝你、感謝你、感謝你**」，並對其感覺到感恩。

2. 今天請在**五個不同的時刻**停下來思考你呼吸的這神聖空氣。刻意地深呼吸**五次**，感受空氣在你的身體內流動的感覺，並感受將它呼出去的喜悅。

3. 完成每一次的呼吸後，請說魔法句：「**感謝我所呼吸的魔法空氣。**」盡你所能地對這賜予你生命的珍貴空氣表達感謝。

4. 今晚睡前，請在手中握著你的魔法石，並對今天所發生過最美好的一件事說出魔法句「**感謝你**」。

Day 24

魔杖

　　你曾希望自己有一根魔杖，讓你只要揮舞魔杖就可以幫助所愛的人嗎？嗯，今天的魔法練習將為你展示如何使用生命真正的魔杖去幫助其他人！

　　當你熱切地想要幫助他人時，你便擁有無窮的力量；但是當你帶著感恩引導那股力量時，你就真的有了一根可以幫助你所關心的人的魔杖。

　　能量會流到你的注意力所在之處，因此當你引導感恩的能量至其他人的需要上時，它就會往那裡去。這就是為什麼耶穌在施行每一次奇蹟前都要先說「感謝」。感恩是一股看不見卻真實的能量之力，如果和你的渴望的力量結合在一起，就像擁有了一根魔杖。

「等待魔杖的人沒有發現他們自己就是那根魔杖。」

湯瑪斯．李耳納（1955-2003）

個人成長教練

　　如果你的家人、朋友或你關心的任何人身體健康狀況欠佳、陷入財務危機、工作不快樂、有壓力、因一段關係結束而受苦、對自己失去信心、受心理問題之苦，或是對自己的人生感到沮喪，你可以使用這無形的感恩力量來協助他們得到健康、財富，以及快樂。

　　如果想要對其他人的健康揮舞你的魔杖，就想像那個人的健康已經完全恢復，而且你在收到他或她重獲健康的消息時說了魔法句「**感謝**」，眞心地爲對方慶祝。你可以想像那個人打電話通知你，或親自告訴你這個消息，而且你眞的可以看到和感覺到你的反應。如果你現在可以感覺到的感恩，跟你聽到那個人的健康完全恢復的消息時所感受到的感恩一樣，那麼保證你現在感覺到的感恩之情是十足地眞誠、十足地充滿力量。

　　如果想要揮舞你的魔杖以幫助你所愛的人獲得財富，就仿效同樣的魔法練習，並且像他們現在就擁有所需要的財富一樣感恩。想像他們的財富水平已經完全恢復，目標達成了，而你正在說魔法句「**感謝**」，因爲你剛收到了這個令人驚喜的消息。

　　如果你認識的人現在過得很辛苦，但是你不知道他們特別需要什麼，或者如果他們需要的幫助不只一方面，那麼你可以依照同樣的魔法練習，以及藉由對他們的快樂，或是對他們擁有的健康、財富和快樂一起表達感恩之情，來揮舞你的魔杖。

　　請選擇三個你所關心的人，他們目前可能需要健康、財富或快樂，或者三種都需要。如果你有他們每一個人的照片，就拿出來，然後在做這個練習時，把他們的照片放在前面。

　　拿出第一個人的照片，把它放在你的手中，接著閉上眼睛，花一分鐘想像自己接獲消息，知道那個人已經得到他需要的事物了。想像自己接獲好消息，比去想像下列情況容易多了：想像一個生病的人重獲健康，想像一個沮喪的人重新快樂起來，或是想像一個財務吃緊的人再度變得富有。如果將自己加進你的想像中，你將會感覺到更多的興奮和感恩之情。

　　接著睜開眼睛，照片還是放在手中，然後針對那個人的健康、財富或快樂，或者視他的需要任意組合，慢慢地說三次魔法句「感謝」：

　　感謝、感謝、感謝＿＿＿＿＿人名＿＿＿＿＿擁有的健康、財富或快樂。

　　對一個人揮舞完魔杖後，就換下一個人，並且依照同樣的步驟去做，直到完成整個練習，傳送健康、財富、或是快樂給三個人為止。

　　走在街上或是在一天當中，如果遇到某個明顯缺少快樂、健康或財富的人，你也可以使用這個有力的練習。想像你有一根魔杖，然後透過對他們的財富、健康以及快樂真心地表達感謝，在心裡揮舞魔杖，並且知道你已經啟動了能量的真實力量。

　　使用感恩幫助他人得到健康、財富以及快樂，是你可以展現的一種最棒的感恩行動。而這樣做的其中一個神奇之處就是，你熱切地希望他人得到的健康、財富及快樂，你自己也將會得到。

魔法練習24

魔杖

1. 數算你的恩典：列出十項你接收到的恩典。寫下為什麼你會感恩，然後重新去讀你的清單，對每一項恩典說「**感謝你、感謝你、感謝你**」，並對其感覺到感恩。

2. 選擇三**個**你很關心、很想協助他們得到更多健康、財富、快樂（或三者全部）的人。

3. 如果你有這三個人的照片，請找出來。當你在做這個魔杖練習時，將他們的照片放在你的面前。

4. 一次針對一個人練習。把他的照片放在手中，閉上眼睛，然後花一分鐘想像那個人已經重新得到健康、財富或快樂了，而且你正聽到這個消息。

5. 睜開眼睛，照片仍然放在手中，然後慢慢說出魔法句：
「**感謝、感謝、感謝＿＿＿＿人名＿＿＿＿擁有的健康、財富或快樂。**」

6. 針對一個人練習完之後，就換下一個，並且依照相同的步驟去做，直到你對三個人都做完魔杖練習為止。

7. 今晚睡前，請在手中握著你的魔法石，並對今天所發生過最
   美好的一件事說出魔法句「感謝你」。

Day 25

召喚魔法

「人生就是玩樂……我們需要好好玩一玩，這麼一來，我們就可以重新發現周圍的魔法。」

弗蘿拉‧科拉（生於1954年）

作家及治療師

今天的「召喚魔法」練習是我最喜愛的魔法練習之一，因為這是你和宇宙玩的遊戲，而且很好玩！

想像一下宇宙是友善又善體人意的，而且它希望你擁有你想要的一切。因為宇宙不會直接走過來給你想要的東西，所以它利用吸引力法則給你暗示和提醒，來幫你實現夢想。宇宙知道你必須感覺到感恩才能實現你的夢想，所以它參與遊戲，個別給你提示，提醒你要感恩。一天之中，宇宙利用你周圍的人、

環境以及事件當作要你感恩的魔法提示。這一切是這麼運作的：

如果你聽到救護車的聲音，那麼來自宇宙的魔法提示就是：要感謝你有完美的健康。如果你看到警車，給你的魔法提示是：要感謝你很平安。如果你看到某人在看報紙，給你的魔法提示是：要感謝有好消息。

如果你想要改變體重，那麼當你看到另一個人有你的理想體重時，就是宇宙在提醒你要感謝你的完美體重。如果你想要擁有浪漫的伴侶，那麼當你看到一對陷入熱戀的男女時，那就是要你感謝擁有完美伴侶的魔法提示。如果你想要擁有家庭，那麼當你看到寶寶和小孩子時，要接收這個魔法提示，對擁有小孩子感恩。當你經過銀行或提款機時，那是要你對自己有很多錢可使用表達感恩之情的魔法提示。當你回到家時，你的魔法提示是要你感恩自己的家。而當鄰居打電話來約你喝咖啡、或是你從對街跟他們揮手打招呼時，給你的魔法提示是要感恩你的鄰居。

如果你碰巧看到你列在渴望清單上的物品時，例如你夢想中的房子、車子、機車、鞋子或電腦，那當然是宇宙給你的魔法提示，提醒你**現在**就對你的渴望表達感恩！

當你開始新的一天，且有人跟你說「早安」時，你接收到的魔法提示是要感謝美好的早晨。如果你偶然碰見一個真的很快樂的人，那就是要你對快樂表達感恩之情的魔法提示。而每當你在任何地方無意中聽到另一個人說「感謝你」時，給你的魔法提示是要記得說「感謝你」！

宇宙有無限多種充滿創意的方式能神奇地提醒你要對每天的活動感恩。你絕不會誤解魔法提示或是弄錯提示。因為不管你認為該提示的目的是什麼，你都是對的！宇宙利用吸引力法則神奇地召喚你，因此，你總是能吸引到你在那一刻需要的感恩提示。

「召喚魔法」已經成為我每天會玩的遊戲。透過練習，我現在會自動看到所有宇宙給我的提示，而且對每一個提示都很感謝。宇宙不停地找出新的方式來提醒我要施展感恩的魔法，這總是讓我覺得很興奮、很驚奇！

當我接到朋友或家人打來的電話時，那是提醒我要感謝對方。當有人說：「今天的天氣很好，不是嗎？」那是提醒我要感謝所在之處的天氣，以及美好的另一天。如果器具壞了，那是提醒我要感謝所有完美運作的器具。如果花園裡的某棵植物正在枯萎時，那是提醒我要感謝花園中所有健康的植物。當我收到信時，那是提醒我要感恩郵件服務以及收到意料之外的支票。當有人說他們需要去提款，或是當我看到有人在提款機

前排隊時，那是提醒我要對錢表達感恩。如果我認識的人生病
了，那是提醒我要感恩他們的健康，以及我的健康。當我早上
打開窗簾、看到新的一天時，那是提醒我要感謝即將來到的美
好一天。

　　而當我晚上拉上窗簾時，那是提醒我要感謝自己擁有了美好
的一天。

　　針對今天的「召喚魔法」練習，你所要做的就是：在這一
天之內保持警覺，去接收來自宇宙的七個魔法提示。舉例而
言，如果你看到某人擁有你的理想體重，就說：「**感謝我那理
想的體重！**」感恩從來不嫌多，你甚至可以試著在一天中盡可
能地回應許多提示。如果你在過去的二十四天已經按照每天的
魔法練習去做，你現在已經達到一種境界——你有了足夠的敏
銳度，去注意到宇宙一直給你的提示。感恩的魔力許多好處之
一是，它讓你清醒，而且讓你更警覺、更能覺察。而當你變得
愈警覺和覺察時，你會愈懂得感恩，也就愈容易吸引到你的夢
想。所以，宇宙，召喚魔法進場吧！

魔法練習25

召喚魔法

1. 數算你的恩典：列出十項你接收到的恩典。寫下**爲什麼**你會感恩，然後重新去讀你的清單，對每一項恩典說「**感謝你、感謝你、感謝你**」，並對其感覺到感恩。

2. 今天請留心你周遭發生的事，在這一天之中接收至少**七個**感恩提示。例如，如果你看到某人擁有你的理想體重，就說；「**感謝我那理想的體重！**」

3. 今晚睡前，請在手中握著你的魔法石，並對今天所發生過最美好的一件事說出魔法句「**感謝你**」。

Day 26

如魔法般將錯誤轉化為恩典

「把你的傷痛轉換成智慧。」

歐普拉・溫芙蕾（生於1954年）
媒體人及女企業家

　　每個錯誤都是偽裝的恩典。今天的魔法練習會證實這件事，因為你將發現，每個錯誤之中確實有數不清的恩典！

　　小孩子學騎腳踏車或寫字時，都會犯許多錯誤，但我們不會多想什麼，因為我們知道，他們將透過錯誤學會確實掌握他們試著要去做的事情。那為什麼當大人犯錯時，要對自己這麼苛刻呢？適用於孩子身上的原則，也同樣適用於你。人都會犯錯，而且如果我們沒有犯過錯的話，絕對學不會任何事，也不會變得更聰明或更有智慧。

　　我們有自己做選擇的自由，那代表我們可以犯錯。錯誤會傷人，但是如果我們沒有從自己犯的錯誤中學習，所受的苦就沒有意義。事實上，透過吸引力法則，我們會一而再、再而三地犯錯，直到結果把我們傷得太重，最後我們終於學乖了！那就是為什麼錯誤會讓人覺得心痛，因為這麼一來，我們一定會從錯誤當中學習，而且不會重蹈覆轍。

　　為了從錯誤當中學習，我們要先犯錯，而這是令很多人覺得不舒服的原因，因為他們常常怪罪別人的錯誤。

　　讓我們來思考一下當你被警察抓到超速，且被開罰單的情景。我們沒有對超速這個事實負責，反而還怪警察躲在高速公路轉彎的樹叢中，害我們看不到他們，而且他們有雷達測速槍，因此我們毫無勝算。但錯的是我們，因為是我們自己選擇超速。

　　把自己的錯誤怪到其他人頭上的問題是，我們還是要承擔自己的錯誤所造成的痛苦和後果，但是我們沒有從中學到教訓。因此，賓果！結果是我們會再次犯同樣的錯誤。

　　你是凡人，所以你會犯錯，而那是身為人類最美好的事情之一。但是你一定要從錯誤當中學習到，否則你的人生將會有很多不必要的痛苦。

那麼，你要如何從錯誤當中學習呢？感恩！

不管某件事看起來有多麼糟，總是有許多可以感謝的事。盡可能在一個錯誤當中找尋許多可以感謝的事情，這樣你就能像魔法般將錯誤轉化爲恩典。錯誤吸引更多的錯誤，而恩典會吸引更多的恩典——你比較喜歡哪一種？

今天，請思考一下你人生中曾犯過的錯誤，是大或小都沒有關係，只要選擇一個當你想到時還是會感到痛苦的錯誤。也許是你對一個跟你很親近的人發脾氣，於是你們的關係再也無法恢復往常的親密；也許是你盲目地相信另一個人，卻遍體鱗傷；也許是爲了保護某人，你說了一個善意的謊言，卻因此陷在困難的情況中；也許是你選擇一個看似比較便宜的東西，最後你卻花了更多的錢。你可能認爲你爲某件事做了一個正確的決定，結果卻完全事與願違。

一旦你選定要用來魔法般地轉化成恩典的錯誤之後，就去尋找可以感謝的事情。你可以問自己兩個問題：

我從這個錯誤中學習到什麼？

這個錯誤中有什麼美好的事情發生？

要對每一個錯誤感恩，最重要的是你從中學習到的事情。不管錯誤是什麼，當中總是有很多美好的事，而且會讓你的未來變得更好。仔細地思考這件事，並看看你是否能找到可以感謝的十項恩典。你找到的每一項恩典都有魔力，請將它們寫在你的感恩日記中，或是打在電腦裡。

讓我們用被警察抓到超速且收到罰單這個例子來說明：

1. 我感謝警察想要讓我免於傷害自己，畢竟那是他們一直努力在做的事。

2. 我感謝警察，因為老實說，我那時正在想著其他事，所以沒有注意到路況。

3. 我感謝警察，因為開著一輛輪胎需要更換的車超速，讓自己置身危險之中，是很愚蠢的。

4. 我感恩警察敲醒我。被抓到超速確實影響了我，讓我未來更注意時速，也更小心駕駛。

5. 我感恩警察，因為不知道為什麼我有一個瘋狂的想法，認為我可以超速而不被警察抓到，也不會讓自己處於危險之中。警察的嚴屬讓我面對事實，明白我同時讓自己和其他人陷於很大的危險之中。

6. 我感謝警察，因爲我想到，如果是我的家人因爲別人超速而陷於危險之中，那麼我一定會希望警察能阻止那些超速的人。

7. 我眞的很感謝警察的工作，因爲他們努力確保路上的每一個人及其家人的安全。

8. 我感謝警察。他們一定每天都在看令人心碎的畫面，而他們能試圖做的就是保護我和家人的生命。

9. 我感恩警察確保我能安全地抵達家中，而且像往常一樣開門回到家人身旁。

10. 我感恩警察，因爲在所有可能阻止我超速的結果當中，警察把我攔下來是傷害最小的，但它可能是我人生中最大的恩典。

　　我強烈地鼓勵你檢視人生中曾經犯過、而你現在對其感覺還是不好的錯誤，並找時間去做這個重要且有如魔法般的練習。想想看，透過一個錯誤，你有能力帶來許多的恩典！還有什麼事情能保障那種額外的好處？

魔法練習26

如魔法般將錯誤轉化為恩典

1. 數算你的恩典：列出十項你接收到的恩典。寫下為什麼你會
   感恩，然後重新去讀你的清單，對每一項恩典說「感謝你、
   感謝你、感謝你」，並對其感覺到感恩。

2. 選擇你曾犯過的一個錯誤。

3. 從這個錯誤中找出讓你感謝的十項恩典，並將它們寫下來。

4. 為了幫助你找到恩典，你可以問自己這些問題：
   我從這個錯誤中學到什麼？這個錯誤中有什麼美好的事情發
   生了？

5. 今晚睡前，請在手中握著你的魔法石，並對今天所發生過最
   美好的一件事說出魔法句「感謝你」。

Day 27
魔鏡

「事情的表相會隨著情緒而改變，因此當魔法和美麗
之處其實就在我們心裡，我們就會在事情當中看見魔
法以及美麗之處。」

卡里‧紀伯倫 (1883-1931)
詩人以及藝術家

你可以一輩子忙忙碌碌，試圖讓外在世界符合你的心意，試
圖解決一個接一個的問題，抱怨各種情況或其他人，卻從來無
法盡全力地活出你的人生，實現你所有的夢想。但是，當你讓
感恩的魔法成為你的生活方式時，你周圍的每一件事就神奇地
改變了。而你的世界會像魔法般地改變，是因為你改變了，因
此你所吸引到的事物也跟著改變了。

在甘地講過的一段啓發性的話，以及麥可‧傑克森的歌《鏡中的人》歌詞中，都傳遞了一段影響了好幾億人、有史以來最有力量的訊息之一：

改變鏡中的人，那麼你的世界就會改變。

如果到目前爲止你已經完成了二十六個魔法練習，那麼你已經改變了！即使有時候很難看到內在的變化，但你將感覺到你的快樂程度有所改變，也將會看到生命中的狀況改善，以及周圍的世界產生魔法般的改變。

你爲了家人、朋友、工作、金錢和健康、你的夢想，甚至是你每天遇到的人練習感恩的魔力，但是比那些人更值得你感謝的，其實是你自己。

當你對於成爲鏡中那個人心懷感恩時，不滿足、不滿、失望或「我不夠好」的感覺完全消失了。而因爲這樣，人生中每一個令你不滿足、不滿，以及失望的情況也會像魔法般消失不見。

對自己的負面感覺會導致你人生中最大的傷害，因爲它們比你對任何人事物的感覺更有影響力。不管去哪裡，不管做任何事，你隨時都帶著那些負面的感覺，而那些感覺會影響你接觸

到的每一件事，並且像磁鐵一樣，爲你所做的每一件事吸引來更多的不滿意、不滿，以及失望。

當你對於成爲你自己心懷感恩時，你只會吸引到讓你對自己感覺更好的情況。你必須對自己充滿美好的感覺，才能爲自己帶來生命的富足。感謝自己能使你富足！

「凡（對自己）有感恩的，還要加給他，叫他有餘；凡（對自己）沒有感恩的，連他所有的，也要奪去。」

現在到鏡子前做「魔鏡」練習。直視鏡中的那個人，由衷地大聲說出魔法句「感謝你」，且要比過去更眞誠。爲了你是你，說：「感謝你！」爲了你的一切，說：「感謝你！」請用你對其他人事物說感謝時至少同樣程度的感受來說：「感謝你！」爲了你是你現在的樣子，而表達感謝之意！

在今天的其他時間裡，透過對鏡中那個美麗的人表達感謝來持續做「魔鏡」練習。每當你看著鏡中的自己時，都要說魔法句「感謝你」。如果你所在的位置無法讓你在特定時刻大聲說出魔法句，那麼你可以在心裡面說。而如果你眞的勇敢，你可以對著「魔鏡」說出你感謝自己的三件事。

如果未來有任何原因讓你對自己不寬容、不仁慈，你將知道要感謝那個比起其他人更值得你感恩的人——鏡中的人！

當你感恩時，即使犯錯，你也不會怪自己。當你感恩時，即使你不完美，你也不會批評自己。當你對於成為自己充滿感恩時，你是快樂的，而且你將成為磁鐵，吸引快樂的人、快樂的情境和魔法般的狀況。當你可以看到鏡中那個人身上的魔法時，你的世界將整個改變！

魔法練習27

魔鏡

1. 數算你的恩典：列出你接收到的十項恩典。寫下**爲什麼**你會感恩，然後重新去讀你的清單，對每一項恩典說**「感謝你、感謝你、感謝你」**，並對其感覺到感恩。

2. 今天每當你看著鏡中的自己時，都要說**「感謝你」**，而且要比過去曾有過的感覺還要眞誠。

3. 如果你眞的勇敢，那麼在看著鏡子時，說出你感謝自己的三件事。

4. 今晚睡前，請在手中握著你的魔法石，並對今天所發生過最美好的一件事說出魔法句**「感謝你」**。

Day 28
記得魔法

「魔法就是這麼回事。你會知道它依然在這裡，一
直都在我們身邊，或者，它只是藏起來不讓你看見
而已。」

查爾斯‧德林（生於1951年）
作家及凱爾特民謠音樂家

　　每一天都是獨特的，沒有一天會跟其他天一樣。每一天所發
生的美好事情永遠都不同，而且一直在改變。因此，當你透過
數算昨天的恩典而「記得魔法」時，不管你做了多少次練習，
每次還是都不同。這就是為什麼如果要在你的人生中維持感恩
的魔法，「記得魔法」是最有力量、須持續進行的練習其中一
個原因。不管你現在或未來的渴望是什麼，這個魔法練習都會
是你整個人生中最有力量的練習。

　　記得昨天的恩典最容易的方式是，從你一醒來、一天的開始算起，在你的心裡回想從昨天早上、下午、晚上，直到你要上床前發生的重大事件。當你回想昨天的恩典時，應該是不費力的。你只是在快速回憶昨天的畫面，而且當你快速回憶時，恩典會像泡泡一樣浮出你的心湖。

　　你可以從提出下面的問題開始來做這個魔法練習：

　　昨天發生了哪些美好的事情？

　　每次你問了一個問題，你的頭腦都會馬上找尋答案。你收到了好消息嗎？你像魔法般得到或者完成你的任何渴望嗎？你像魔法般收到未預期會得到的金錢嗎？你感到特別快樂嗎？你收到一位好久不見的朋友來信嗎？你的某件事情進行得非常順利嗎？你接到一通很棒的電話或收到一封很棒的電子郵件嗎？你聽到讚美，或是有某個人向你表達他或她對你的欣賞嗎？有人幫助你解決問題嗎？你幫助了某人嗎？你完成一個專案，或開始做令你興奮的某件事嗎？你吃了最喜愛的食物，或看了一部很棒的電影嗎？你收到禮物、解決了某個狀況、開了一場很有啟發性的會議、跟某人有一段相處愉快的時光、有一場很棒的對話、或是為了你真的很想做的某件事做計畫嗎？

　　請記得魔法，並在電腦上列出昨天接收到的恩典，或是把它們寫在日記裡。掃描昨天的情景，直到你對於自己憶起昨天

一整天的恩典感到滿意為止。不管是大事、小事都無妨，因為那跟恩典的大小無關，跟你找到多少恩典，以及你對每一個恩典的感恩程度有多少才有關。當你記起每一個恩典，且為它做上記號時，只要對它表達感恩之意並說出魔法句「感謝你」即可。

今天過後，當你想要做這個魔法練習時，可以將它混合運用，在某幾天寫下恩典，而在其他天記得恩典，並在腦海中默唸或大聲地說出來。你可以快速地列出你的恩典清單，或者你可以列出一張更詳細的清單，說明你感謝每一個恩典的原因。

要從昨天找出多少恩典，沒有一個固定的數字，因為每一天都是不一樣的。但是我可以跟你保證，你人生中的每一天都充滿了恩典。當你睜開眼睛知道這個真相時，你將打開心門、迎向人生的魔法，而你的人生將會是富足而燦爛的。

「凡有感恩的，還要加給他，叫他有餘；凡沒有感恩的，連他所有的，也要奪去。」

請記得魔法，它是為了你而創造出來的！

魔法練習28

記得魔法

1. 數算你的恩典：列出十項你接收到的恩典。寫下爲什麼你會感恩，然後重新去讀你的清單，對每一項恩典說「**感謝你、感謝你、感謝你**」，並對其感覺到感恩。你在這本書的練習裡，已經寫下兩百八十項恩典了！

2. 透過數算昨天的恩典來記得魔法，並把它們寫下來。問你自己這個問題：**昨天發生了哪些最美好的事情？**快速回憶昨天的恩典，直到你對於能記得並寫下當天所有的恩典感覺到滿意爲止。

3. 當你記起每一件事時，只要在你的腦海中說魔法句「**感謝你**」即可。

4. 今天過後如果要做這個練習，你可以用寫的（列清單），或是用說的（大聲地唸出來，或是在腦海裡默唸）。你可以快速地列出昨天你所感謝的事物，或寫下一張較短但較詳細的清單，說明你爲什麼要對它們表達謝意。

5. 今晚睡前，請在手中握著你的魔法石，並對今天所發生過最美好的一件事說出魔法句「**感謝你**」。

你那魔法般的未來

　　你是自己人生的建造者，而感恩是讓你打造一個最不可思議的人生的魔法工具。現在你已經透過這些魔法練習奠定了基礎，而藉由感恩這項工具，你正在增加人生的樓層。你的人生將會愈爬愈高，直到你觸摸到星辰。透過感恩，你可以爬到的高度沒有極限，你可以經歷到的魔法也沒有盡頭，就像宇宙中的星辰一樣無窮無盡！

　　　「道聲感謝有禮且愉快，表達感恩慷慨且高尚，然而
　　　實踐感恩，則像是觸摸到天堂。」

　　　　　　　　　　約翰尼斯，蓋特納 (1912-1996)
　　　　　　　　　　　　　　　教授、神學家、詩人

　　從這裡往前邁進的理想方式是，維持你已經建造好的感恩基礎，並透過增加你感覺的深度，慢慢地往上建造。你愈是練習感恩，你能感受到的感恩之情愈深，而你感受到的愈深刻，你

需要花的時間愈少。提醒你：一個星期花三天做「記得魔法」
練習，或是和你選擇的其他兩個魔法練習搭配使用，應該可以
維持你目前的感恩基礎，並持續在你的人生中打造魔法，這麼
一來，你的人生會愈來愈美好。舉例來說，你也許選擇第一天
做「記得魔法」這個練習，第二天做「魔法般的關係」練習，
第三天則做「魔法般的金錢」練習。

　　一個星期花四天做「記得魔法」練習，或是和你選擇的其他
三種魔法練習一起使用，將能維持你的感恩並加速魔法產生。

　　一星期花五天做「記得魔法」練習，或是和你選擇的其他四
種魔法練習合併使用，將能在你人生中的每一個領域和每一種
狀況中大幅增加你的快樂程度和魔法。

　　一星期花六到七天做「記得魔法」練習，或是和你選擇的其
他任何一種魔法練習一起使用，你將成為真正的煉金術士，有
能力點石成金！

魔法練習推薦

　　為了讓魔法在你人生的重要領域持續展現，例如你的快樂、
健康、關係、職業生涯、金錢，以及你所擁有的物質事物，你
可以針對每一個領域一星期做一次特定練習。但是，如果你想

要增加人生任一個領域的魔法，你應該針對那個領域增加感恩練習來給予更多魔法，一星期要練習好幾次。如果你覺得身體不舒服，就算不是一天做很多次，為了你的健康，你也要每天做魔法練習。

　下面的建議將引導你更容易找到可以在某個領域產生最強及最快效果的魔法練習。選定你想改善的領域之後，底下每個建議的練習要一週做一次，而且至少要持續三個星期：

關係

魔法般的關係 - *第48頁*

灑上魔法金粉 - *第109頁*

魔法般的療癒關係 - *第147頁*

魔杖 - *第211頁*

（如果對方是你認識的人，可以用他們的照片來做「魔杖」練習；如果是不認識的人，就不必用照片。）

魔鏡 - *第233頁*

記得魔法 - *第238頁*

健康

魔法般的健康 - *第58頁*

灑上魔法金粉 - *第109頁*

健康裡的魔法與奇蹟 - *第155頁*

魔法空氣 - *第205頁*

魔杖 - *第211頁*

　（如果對方是你認識的人，可以用他們的照片來做「魔杖」練
習；如果是不認識的人，就不必用照片。）

記得魔法 - *第238頁*

金錢

魔法般的金錢 - *第66頁*

金錢磁鐵 - *第99頁*

　（如果你之前沒有做過「金錢磁鐵」的魔法練習，請先至少做
完一次所有步驟。如果你已經做過此練習，可以跳到步驟4。）

魔法支票 - *第163頁*

魔杖 - *第211頁*

　（如果對方是你認識的人，可以用他們的照片來做「魔杖」練
習；如果是不認識的人，就不必用照片。）

魔鏡 - *第233頁*

記得魔法 - *第238頁*

職業生涯

像魔法般工作 - *第74頁*

灑上魔法金粉 - *第109頁*

魔杖 - *第211頁*

（針對你的職業生涯做「魔杖」練習時，你也可以將成功傳遞給其他人。希望別人成功，將加速你自己人生中的成功。

如果對方是你認識的人，可以用他們的照片來做「魔杖」練習；如果是不認識的人，就不必用照片。）

魔鏡 - *第233頁*

記得魔法 - *第238頁*

你的渴望

灑上魔法金粉 - *第109頁*

讓你所有的夢想成真 - *第129頁*

（如果你之前沒有做過「讓你所有的夢想成真」這個練習，請確定你至少做完一次所有的步驟。如果你已做過此練習，你可以跳到步驟3。）

就在你的眼前 - *第199頁*

魔杖 - *第211頁*

（如果對方是你認識的人，可以用他們的照片來做「魔杖」練習；如果是不認識的人，就不必用照片。）

魔鏡 - *第233頁*
記得魔法 - *第238頁*

你的魔法石

　　透過持續把你的魔法石放在床邊，並且把上床睡覺的時間當作是要對當天所發生過最美好的事物表達感恩的提醒，你就可以讓「魔法石」練習成為你日常生活的一部分。你也可以把魔法石放在口袋中隨身攜帶，每當你摸到它時，就提醒自己要去想一件可以感謝的事。

你的魔法金粉

　　你也可以讓「灑上魔法金粉」這個練習成為你日常生活的一部分。除了把魔法金粉灑在那些服務你的人身上之外，其他還有很多種方式可以持續使用這個練習。你可以將魔法金粉灑在每一個人以及每件事物上！如果你的老闆脾氣有點暴躁，你可以私底下在他或她的身上灑魔法金粉。如果你的家庭成員或你所愛的人心情不好，或者你偶然遇到了在其人生中需要一些魔法的人，你可以在他們身上灑金粉。你也可以為你要去的任何地方增添魔法，或是把魔法金粉灑在嬰兒和小孩身上、灑在你的植物上或花園裡、灑在你的食物和飲料中、灑在電腦或郵件

上（在打開之前）、灑在你的皮包上、灑在汽車上、灑在你的電話上（在撥出或接聽之前），或灑在任何你想要改善的狀況上。魔法金粉可以用在很多地方，它的用途只會因你的想像力不夠而受限！

魔法永遠不會消失

我這一生每天都在練習感恩，而且現在對我而言，很難想像有什麼事情能讓我不每天練習感恩。感恩成爲我個人特質的一部分，它就在我的細胞中，並成爲我潛意識中的一種模式。

但是，如果我們被生活困住，而且忘了練習感恩，一段時間過後，魔法就會消失。我把魔法當作生活的指引，來讓我知道我的感恩練習是否足夠，或是否需要更多的練習。我仔細地觀察我的生活，如果發現自己覺得不快樂，我就增加感恩練習；如果我人生中的特定領域開始出現一些小問題，我就會立刻在那個領域中增加感恩的魔法練習。

我不再被錯誤的表相蒙蔽，反而會在每一個情境中找到美好的一面去表達感恩，知道美好的事物就在那裡。接著，我不想要的事物就會像一縷輕煙神奇地消失了！

「我從小東西、小事情開始表示感謝，而當我愈是充滿感恩之情，我所得到的回報就增加得愈多。那是因為你把注意力放在某樣事物上，那樣事物就會變多，而當你專注於生活中的美好時，你就創造出更多的美好。當我學會無論生活中發生了什麼事都要感謝時，機會、關係，甚至金錢都流向我了。」

歐普拉‧溫芙蕾（生於1954年）
媒體人及女企業家

透過感恩練習，你正在運用一條絕對有效的宇宙法則。它是宇宙給你的禮物，而它的存在是為了讓你使用它來提升你的生活。

宇宙和你

藉由可以為你的人生帶來無限豐足的感恩，你可以達到一個境界。透過你和宇宙的關係——或者如果你喜歡，可以說是透過你和聖靈或神的關係——就能達到這種感恩的境界。

你很容易就把宇宙想成是與你分離的，當你想到宇宙時，就會抬頭往上望。宇宙當然一定是在你之上，但它其實也在你之

下、在你後面、在你旁邊，並存在每一個人事物之中。也就是說，宇宙在你裡面。

> 「如在其下，如在其上；上行，下效。單憑這方面的知識，你就可以創造奇蹟。」

翡翠石板（約西元前5000-3000年）

當你了解到宇宙就在你裡面，而且本質上，它是為了你好，想讓你有更豐富的人生、更多的健康、更多的愛、更多的美麗，以及更多你想要的每一件事物，那麼你將會為了人生中所得到的一切，向宇宙表達由衷的感恩之情。而你將會和宇宙建立起一段個人的關係。

你對所得到的一切向宇宙表達的感恩愈真摯，你和宇宙的關係就愈親密——那就是你透過感恩的魔法達到無限豐足境界的時候。

你會對感恩的魔法完全敞開心靈，而且透過它，你會觸動到你所接觸的每一個生命。你將成為宇宙的朋友，成為通往地球上的無限恩典的一個管道。當你和宇宙變得親近、變得親密時、當你在心裡感受到宇宙的那份靠近時，從那個時刻開始，

世界將屬於你，再也沒有你無法成為的樣子、無法擁有的事物
或無法做到的事！

感恩就是答案

針對一段破損或困難的關係、針對健康欠佳或缺乏金錢的狀
況、針對不快樂，感恩都是良藥。感恩能消除恐懼、擔心、悲
傷及沮喪，帶來快樂、明晰、耐心、仁慈、同情、了解及平和
的心態。感恩帶來問題的解決之道及機會，還有必要的資金以
實現你的夢想。

每一項成就的背後都是感恩，而且它打開了通往新點子及新
發現的門，如同偉大的科學家牛頓及愛因斯坦所證實的一樣。
想像一下，如果每一個科學家都跟隨他們的腳步，這個世界會
將被推至一個充滿理解、成長及進步的新疆域。眼前的限制會
被打破，而且在科技、物理學、醫學、心理學、天文學以及每
一個科學領域中都會有改變人類生命的發現。

如果感恩成為學校的必修科目，我們會看到新世代的孩子透
過偉大的成就及發現，來推動我們的文明前進，並消融歧異、
結束戰爭，為世界帶來和平。

　　未來能帶領這個世界的國家是其領袖和人民最會感恩的國家。國民的感恩會使他們的國家興盛及變得富有，使疾病和病痛大幅減少、商業和製造業快速提升，也會讓快樂與和平席捲整個國家。貧窮會消失，而且不再有人受飢餓之苦，因為一個懂得感恩的國家不會允許飢餓存在。

　　愈多人發現感恩的魔力，感恩就會愈快橫掃整個世界，而且會帶來一場感恩革命。

隨身攜帶著魔法

　　不管你去哪裡，請隨身帶著感恩，讓感恩的魔法滲入你熱愛的事物、與他人的相遇、你的行動以及人生的各種情況中，來使你的夢想實現。未來，如果人生帶給你具挑戰性的際遇，而你認為自己無法控制且不知道該怎麼辦才好，與其擔心或恐懼，不如把注意力轉向感恩的魔法，對生命中其他的事物表達感恩。當你刻意地感謝生命中的美好事物時，那個具有挑戰性的際遇周遭的情況將會神奇地改變。

　　「我確已指引他正道，他或是感謝，或是辜負。」

　　　　　　　　　　　　　　　　　　可蘭經 (人76:3)

　　請說出魔法句「感謝你」。你可以大聲地說出來、從屋頂上用力地喊出來、對自己輕聲地說、在腦海中默唸、或是在你的心裡感覺到這句話，但是從今天開始，不管你去哪裡，都請隨身帶著感恩以及它的魔力。

　　想要擁有一個富足及快樂的魔法人生，答案就在你的雙唇間、就在你的心中，而且它已經準備好，並等著你去施展魔法！

朗達‧拜恩

國家圖書館出版品預行編目資料

The Magic魔法／朗達‧拜恩（Rhonda Byrne）著；王莉莉 譯.
-- 初版. -- 臺北市：方智，2012.10
272 面；14.8×20.8 公分. --（方智好讀；22）
譯自：The magic
ISBN 978-986-175-283-9(平裝)
1.自我實現 2.成功法

177.2   101016861

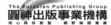 

http://www.booklife.com.tw   reader@mail.eurasian.com.tw

方智好讀 022

The Magic魔法

作　　者／朗達‧拜恩（Rhonda Byrne）
譯　　者／王莉莉
發 行 人／簡志忠
出 版 者／方智出版社股份有限公司
地　　址／台北市南京東路四段50號6樓之1
電　　話／（02）2579-6600‧2579-8800‧2570-3939
傳　　真／（02）2579-0338‧2577-3220‧2570-3636
郵撥帳號／ 13633081　方智出版社股份有限公司
總 經 銷／叩應股份有限公司
法律顧問／圓神出版事業機構法律顧問　蕭雄淋律師
印　　刷／祥峯印刷廠
2012年10月　初版
2024年7月　63刷

定價 290 元   ISBN 978-986-175-283-9   版權所有‧翻印必究

◎本書如有缺頁、破損、裝訂錯誤，請寄回本公司調換   Printed in Taiwan

朗達‧拜恩

透過《The Secret 祕密》這部全球計有上百萬人看過的影片，朗達開始了探索之旅；後來她又寫下《The Secret 祕密》這本全球共發行了四十七種語言、超過兩千萬本的暢銷書。

《The Secret 祕密》蟬聯《紐約時報》暢銷書排行榜一百九十週，而且最近被《今日美國報》提名為過去十五年來前二十本暢銷書之一。

朗達透過二〇一〇年的《The Power力量》延續她突破性的研究，這同樣也是《紐約時報》的暢銷書，而且現在已發行四十三種語言。

本書所涵蓋的資訊僅以教育用途為念，並無意作為任何健康失調狀況的診斷、處方或療法，亦無意作為任何財務計畫的替代方案。書中資訊不應取代合格健康照護專業人士所提供的診療，或是財務專業人士所提供的建議。本書內容是用來輔助健康照護或財務專業人士所提供的合理且可信賴的計畫，對於書中素材的任何誤用情形，作者與出版社概不負責。

Artwork concept and art direction by Nic George for Making Good LLC. Book layout and design by Gozer Media P/L (Australia), directed by Making Good LLC.
Interior photography by Raphael Kilpatrick, directed by Making Good LLC.